COFIO CORWEN

Cofio
CORWEN
Remember the old days
1900-1999

Glyn Owen

GWASG CARREG GWALCH

Argraffiad cyntaf: Mawrth 2000

© *Glyn Owen*

*Ni chaniateir defnyddio unrhyw ran/rannau
o'r llyfr hwn mewn unrhyw fodd
(ac eithrio i ddiben adolygu)
heb ganiatâd perchennog yr hawlfraint yn gyntaf.*

*Rhif Llyfr Safonol Rhyngwladol:
0-86381-639-8*

Cynllun clawr: Alan Jones

*Argraffwyd a chyhoeddwyd gan Wasg Carreg Gwalch,
12 Iard yr Orsaf, Llanrwst, Dyffryn Conwy, LL26 0EH.
☎ 01492 642031
📠 01492 641502
✆ llyfrau@carreg-gwalch.co.uk
lle ar y we: www.carreg-gwalch.co.uk*

First edition: March 2000

© *Glyn Owen*

*All rights reserved. No part of this publication
may be reproduced or transmitted,
in any form or by any means, without permission.*

ISBN: 0-86381-639-8

Cover design: Alan Jones

*Printed and published in Wales by
Gwasg Carreg Gwalch, 12 Iard yr Orsaf, Llanrwst, Wales LL26 0EH
☎ 01492 642031   📠 01492 641502
✆ books@carreg-gwalch.co.uk   Website: www.carreg-gwalch.co.uk*

*Hoffwn ddiolch i David Ellis Evans, Glanaber, Y Ddwyryd,
am ei garedigrwydd yn rhannu* billheads *o amser ei daid,
sef Thomas Evans, a'i dad, sef Enoch Evans gyda mi.*

I'm wyres a'm ŵyr:
Siân Angharad Wyn Davies
Owain Philip Wyn Davies

Cyflwyniad

Gofynnwyd imi beth amser yn ôl, paham y diddordeb mewn casglu hen luniau a chardiau post? Fy ateb oedd fy mod yn hoffi hanesion, yn enwedig hanesion cefn gwlad, a chael y pleser o weld trwy'r lluniau sut oedd y werin yn byw mewn trefi neu bentrefi yn yr ardal.

Rwy'n ddyledus i'r diweddar dad a mab, Gruffydd Williams a Llew Williams, Mona House, Corwen am luniau gwych gan y ddau; diolch yn fawr iddynt. Hefyd i'r diweddar Meredith y Bala am ychydig luniau a dynnodd yng nghylch Corwen.

Y cerdyn cyntaf a gefais, a hynny yn y 1950au cynnar, oedd un yn dangos gwedd o geffylau yn aredig mewn clwb aredig ger fy nghartref, tua 1911/12, felly hwnnw a gychwynnodd y clwy casglu yn gryf ynof.

Byddwn yn gofyn i gyfeillion dipyn hŷn na mi, a oedd ganddynt hen gardiau post. Cefais amryw ganddynt, rhai diddorol dros ben; diolch yn fawr iawn iddynt hwythau. Rwyf yn gobeithio y gwnewch eu mwynhau, a llawer o ddiolch i chwi.

Mae gen i hefyd gasgliad arbennig o hen filiau darluniadol o hen siopau'r cylch eang, sy'n ddiddorol dros ben, tebyg i'r un a ddefnyddiwyd gan:

        D.E. DAVIES, POST OFFICE
        MAERDY, CORWEN

gyda llun sachaid o flawd ar y bil (1925),

'MILLENNIUM FLOUR'.

Glyn Owen

Introduction

I was asked some time ago why I had an interest in collecting old photos and postcards? My answer was this, that I was very interested in history, especially the local side, with having the pleasure of glancing back through time, also the silent meeting with those people who lived during that time in towns or villages of one's district.

My thanks goes back to the late father and son, Gruffydd Williams and Llew Williams, Mona House, Corwen, with their great photos; also the late Meredith of Bala who took a few in the Corwen district.

The first card I received was in the early 1950's depicting a team of horses ploughing in a ploughing match near my home, about 1911/12 – that's when the bug of collecting cards started.

I used to ask some friends, at that time a bit older than myself, if they had any old photos, which I did receive from many along the years, and I am very grateful to them.

I do hope you will enjoy part of my collection and thank you.

I have also a large collection of old shop billheads, very interesting, like the one that was used by:

D.E. DAVIES, POST OFFICE
MAERDY, CORWEN

a billhead in colour showing a sack of flour (1925),

'MILLENNIUM FLOUR'.

Glyn Owen

Diwrnod dyrnu ar fferm Plas Adda, Tre'r Ddôl, i Dafydd Roberts (yn y siaced olau). Injan Cysulog y Maerdy sydd yma, tua 1910.

Threshing day at Plas Adda farm Tre'r Ddôl, Corwen, for David Roberts in the linen jacket. The thresher belonged to Jones, of Cysulog, Maerdy.

Diwrnod dyrnu yn Hendre Bryn Cyffo, Gwyddelwern. Injan Cysulog, Maerdy sydd yma.

Threshing day at Hendre Bryn Cyffo Farm, Gwyddelwern. Threshing set of Cysulog, Maerdy.

Diwrnod dyrnu i Thomas Jones fferm Ty'n Celyn, Tre'r Ddôl, Corwen. T. Jones gyda'r fasged manus a thair o'i ferched. Injan Morgan, Sarnau sydd yma, 1912.

Threshing day at Ty'n Celyn farm Tre'r Ddôl, Corwen, for Thomas Jones, (who is holding the chaff basket) and three of his daughters. The set belongs to Morgan, Sarnau, 1912.

Diwrnod dyrnu teulu Williams Pen Isa'r Mynydd, Y Ddwyryd, Corwen. Injan Morgan sydd yma. Sylwn ar y ferch ger yr olwyn, efallai ei bod yn galw y dyrnwyr i de. Tua 1918.

Threshing day for the Williams family of Pen Isa'r Mynydd farm, Druid, Corwen. The threshing set seen here belongs to Morgan. A young lady is seen near the large traction wheel perhaps she is calling the men to tea. About 1918.

Llun diddorol – tebyg i mi mai diwrnod y Sasiwn yw. Sylwch ar y ddwy efaill, ac hefyd ar wasg y ferch dal. Cefais y llun hwn mewn sach lanast o Landrillo. Llun o Sgwâr Corwen, 1910.

A very interesting photo, it looks like a Sunday School outing. Note the twins, also the tiny waist on the tall lady. This photo came in an open refuse sack from Llandrillo. Photo of Corwen Square, 1910.

Aber View, hen ddarn o dref Corwen. Yn yr uwch ystafell, cynhelid ysgolion Sul cynnar o tua 1860 ymlaen.

Aber View, an old part of Corwen. Up the steps, Sunday school classes were held from 1860 onwards.

Siop y saer Ed Roberts, Ty'n-y-Cefn, Corwen. Yr hogyn brentis yw Jabez Davies o Glanrafon ac Ed Roberts ar y dde. 1907.

Ed Roberts joiners shop at Ty'n-y Cefn, Corwen. The young apprentice is Jabez Davies of Glanrafon and Ed Roberts on the right. 1907.

Siop y Star, Corwen, yn dangos ei danteithion at ŵyl y Nadolig ar ddydd y ffair. 1912.

The Star Shop, Corwen, showing their Christmas display on the fair day. 1912.

11

Evan Roberts gyda'i fotor-beic N.S.U. wedi aros ger siop Evans, Llandrillo. 1908.

Evan Roberts with his N.S.U. motor bike paused by Evans' Shop Llandrillo. 1908.

Yn y llun gwelwn fod Bowen Jones wedi gosod ei beiriannau at y cynhaeaf gwair ar y sgwâr. Hefyd gwelir T. Morgan, drws nesaf gyda'i siop hadau i'r ffermwr neu'r garddwr. Llun tua 1925.

In the photo we see Bowen Jones who has placed his agri implements on the square ready for the hay harvest, also next door T. Morgan, seedsman who caters for farmers and gardeners. About 1925.

I mi, mae'r llun yma o Siop Parry, ar y Sgwâr, Corwen, yn un bendigedig. Mae posib gwneud stori o'r llun. Mae'r cig moch yn hongian tu allan yn cael digon o awyr iach! Tua 1910/1911.

To me this is a splendid photo of Parry's Shop, Corwen. It's possible to create a story here. Please dont take notice of the ham and bacon having some good Corwen fresh air! About 1910/1911.

Llun diddorol eto gyda staff 'Lever Bros' Port Sunlight yn hybu eu sebon ger siop a phost y Maerdy, Corwen. Gwelwn D.E. Davies y siopwr yn nrws y siop. Tua 1926/1927.

Here we see Lever Bros staff, Port Sunlight, promoting their soap outside the post office and shop in Maerdy, Corwen. Mr Davies the shop owner is seen in the doorway. About 1926/1927.

Hen siop fferyllfa, John Williams, Corwen, gyda dau lanc o'r dref yn y drws: Frank Davies (chwith) ac Idris Jackson. Tua 1937.

John Williams the chemist, old shop, Corwen. A real country chemist, we see two town boys in the doorway: Frank Davies (on the left) and Idris Jackson. About 1937.

Gwaelod y dref Corwen. Ar y chwith hen giât y doll a gorsaf yr heddlu a'r carchar ar y dde, gyda'r tai gwynion yn nes i fyny. Tua 1900.

Bottom part of Corwen town. On the left the turnpike gate and on the right the police station and the jail with the white houses above them. About 1900.

Davies y gof Melin Rug, Corwen. Oddi ucha'r das wair, gwelir oel yr hen ffos felin a ger y coed, gwelir gwrych yr hen ffordd o Gaergybi i Lundain, cyn 1815. Llun tua 1918.

Davies the blacksmith of Melin Rug, Corwen. Once a flour mill, one can see on the photo near the hedge a slight depression marking the old mill race. Alongside the hedge the old London to Holyhead road used for travelling up until 1815. Photo 1918.

Torri gwenith yn Tŷ Mawr, y Ddwyryd, gyda David J. Roberts y ffermwr ar y tractor ac Arthur Williams, Llwynithel ar y beindar Mac-Cormick-Deering. Llun tua 1951.

David J. Roberts of Tŷ Mawr farm, Druid, along with his neighbour Arthur Williams of Llwynithel farm, cutting a splendid crop of wheat with a Mac-Cormick-Deering, self binder. About 1951.

William Jones o fferm Pen Lan Bach, y Ddwyryd, yng nghlwb aredig Dôl Rommer, Melin Rug, gyda Bob Roberts o Brynrug ym mreichiau'r aradr. Llun 1911.

William Jones of Pen Lan Bach farm, Druid, at the Rommer Meadow ploughing club at Melin Rug, Corwen, with his ploughman, Bob Roberts doing a fine job. The meadow is near the A5 bridge at Melin Rug. Photo 1911.

Dyma ni ar fuarth Ty'n Celyn, Tre'r Ddôl, Corwen. Yn y gornel bellaf gwelwn Mrs E. Jones y tenant gyda Tomi Roberts, ei hŵyr, ei dwy merch, ei mab, a'r gwas yn steil siaced liain. Hefyd gwelir Mrs Roberts o Moel Adda. Tua 1926.

A farm yard scene at Ty'n Celyn Tre'r Ddôl, Corwen. In the far left corner we see Mrs E. Jones, tenant with Tomi Roberts, her grandson, also her two daughters, with the son and the servant in the linen jacket. In the picture we also see Mrs Roberts, from Moel Adda. About 1926.

Y gaeaf caled, Pen-y-bont, Tre'r Ddôl, Corwen, gydag Afon Alwen bron wedi rhewi drosti. Gwelwn yr hen bont o oes Jacobeaidd sydd wedi ei chwalu ers peth amser. Llun 1962/1963.

Severe winter conditions at Pen-y bont, Tre'r Ddôl, Corwen, we see the Alwen River frozen over. Also at the rear, the old Jacobean style bridge which was pulled down some time ago. Photo 1962/1963.

Sioe Amaethyddol Corwen, gyda H.R. Jones. Mae ganddo lu o bethau i wneud gwaith y ffermwr yn haws, ac yn y pen draw mae cwcar paraffin i'r gwaragedd, gyda Harold Jones o Ddinmael ar y chwith a W. Hughes, un o'r gweithwyr, ar y dde. Llun tua 1927/1928.

Corwen Agriculture Show, with H.R. Jones, a farm implement agent and ironmonger in Corwen. He has a grand show of machinery to make the farmer's life easier, also for the farmer's wife, the old paraffin cooker. We see Harold Jones from Dinmael and W. Hughes, salesman right. About 1927/1928.

Rwyf wedi holi llawer ynghylch y llun hwn o fferm ar Ystad y Rug, ond heb gael gwybod lle mae hi. Y dyn sydd yn gwisgo cap ar y dde, gyda'r siaced olau yw William Meredith. E.J. sydd ar yr haearn marcio. Hoffwn gael gwybodaeth am y lle yma. 1914/1918.

I would very much like some information about this shearing day gathering on this farm. I am quite sure it's on the Rug Estate. The man seated wearing a cap in a linen jacket is William Meredith. The marking iron shows the letters E.J. 1914/1918.

Llun da iawn o'r Central Temperance Hotel, gyda phedair siop i'w gweld. Mae Bowen Jones wedi anghofio cadw'r fudde gorddi. 1916.

A splendid photo of the Central Temperance Hotel, Corwen and four shops. Mr Bowen Jones the ironmonger has left his butter churn on the square. 1916.

Llun yn dangos wyth o siopau – un o gardiau prin Meredith, y Bala, yn ardal Corwen. Wel! Wel! mae Bowen Jones wedi anghofio cadw'r gribin wair-geffyl. 1916.

This photo shows eight shops and it is a rare one by Meredith of Bala. Well! Well! Bowen Jones again has left a hay horse rake out on the square. 1916.

Mae hi'n chwarter wedi dau ar gloc y Post ar ryw brynhawn Gwener. Yng nghanol y llun gwelwn fws Griff Travis, Betws G.G. 1937.

It's quarter past two on the Post Office clock, it's a Friday afternoon. In the middle of photo we see the Griff Travis' Bus from Betws G.G. on the square.

Torri gwair ar fferm Blaen Ddôl, Corwen i'r teulu Edwards. Llun gan Llew Williams, Corwen. Tua 1930.

Mowing hay at Blaen Ddôl farm, Tre'r ddôl, Corwen for the Edwards family. Photo by Llew Williams, Corwen. About 1930.

Torri ŷd gyda 'Samuelson Self Deliverer' efallai. Prin iawn yw'r lluniau o'r peiriant hwn yn gweithio. 1924.

Cutting corn with perhaps a Samuelson Self Deliverer on part of family farm up country. A photograph of this type of machine operating is very scarce. 1924.

Eisteddfod Awst Corwen ar sgwâr y dref. 1908.

The annual August Eisteddfod in Corwen, which was always held on the square. 1908.

Eisteddfod Awst Corwen, 1914. Gwelwn Nansi Richards, Telynores Maldwyn, hefyd Llifon yn y dorf. Mrs Moses Willaims o Gynwyd gyda thri o'r plant.

The annual August Eisteddfod in Corwen, 1914. We see Nansi Richards the harpist, also Llifon in the crowd. Mrs Moses Williams of Cynwyd and her three children.

Eisteddfod Genedlaethol Cymru, Seremoni yr Orsedd yn Pen y Pigyn, Corwen. 1919.

The National Eisteddfod of Wales, the Bardic Institution Ceremony taking place ne:'r Pen y Pigyn, Corwen. 1919.

Y dyrfa yn dychwelyd o Seremoni yr Orsedd ger Capel yr Annibynwyr, gyda Meistr yr Orsedd, Thomas Ellis Roberts o Cae Hir, Gwyddelwern, a'r hogiau glas yn cadw trefn. Llun tua 1919.

The crowds returning from the above ceremony with the Master of the Bards, Mr T.E. Roberts of Cae Hir, Gwyddelwern, with the Blue Brigade in a very smart turnout. I'm sure some were Ex Welsh Guards of 1914-1918. Photo 1919.

Claddu Dr Horatio Walker, Plas yn Dref, Corwen. Gwelwn dros hanner cant o feddygon yma.

The funeral of G.P. Dr Horatio Walker. I am quite sure Corwen had not seen so many doctors then, nor after.

Côr yr Eglwys yn canlyn yr elor ac arch y Meddyg.

The Church Choir following the Bier and the coffin of the Medic.

Gwaelod y dref Corwen. Ar y dde gwelwn hen giât y doll a'r jêl. Llun tua 1908.

Bottom town Corwen. On the right, we see the old gate house and jail. Photo 1908.

Pont yr A5 heddiw, dros Afon Dyfrdwy. Pont saith bwa yw ond pump a welwn yn y llun. Mae hi o oes y Frenhines Anne, 1704. Roedd pont yma cyn hon, un bren, ond chwalwyd hi ar lif go arw.

The A5 bridge today, crossing the Dee. It's a seven arch bridge but we see only five in the photo. The bridge is here since the time of Queen Anne, 1704. There was a crossing here of a wooden sort, but was swept away during a terrible flood.

Diwrnod dyrnu yn Llidiart y Gwinedd, Gwyddelwern, i'r Brodyr Davies. Tua 1922-1924.

Threshing day at Llidiart y Gwinedd farm, Gwyddelwern for Davies Bros. About 1922-1924.

Ychydig blant Gwyddelwern y tu allan i'r Post Office a Siop Lloyds. Tua 1905.

A few children of Gwyddelwern seen near the old Lloyds shop and Telegraph Office of the village. 1905.

Dathlu priodas aur Mr a Mrs Ellis Evans, Bryn Du yn Maesgamedd y Plas, Gwyddelwern. Y pâr 6-7 ar y chwith. 1919.

Celebrating the Golden Wedding Anniversary of Mr and Mrs Ellis Evans of Bryn Du farm, at Plas Maesgamedd, Gwyddelwern. Mr and Mrs Ellis Evans 6-7 on the left. 1919.

Y Sasiwn wedi aros ger siop y cigydd gydag E. Roberts o Wyddelwern, chwith. Sylwch ar bolyn y barbwr. Llun o Gorwen tua 1910.

Sunday School trip, near the shop of E. Roberts, butcher of Gwyddelwern, left. See the Barber's pole. Photo taken at Corwen about 1910.

Cerdyn gan rhyw 'Dodo Ann' at ryw ferch ym Maerdy. Mae'n sôn am Sioe Gŵn Gwyddelwern. Tua 1914.

A post card from an Antie Ann of Gwyddelwern to a woman at Maerdy-Dinmael. She mentions the Sheep Dog Show at Gwyddelwern.

Llun o sgwâr Gwyddelwern. Tua 1935/1936.

Photo of Gwyddelwern square. About 1935/1936.

Sasiwn blant Methodistiaid Gwyddelwern yn cychwyn ar eu taith i Gorwen. Tua 1920.

The Gwyddelwern childrens' and adults' Methodist Sunday School outing, by horse transport to Corwen. About 1920.

Sasiwn blant y Wesleaid Gwyddelwern, ar eu taith i Tŷ Nant, Corwen, gyda wagon fawr fferm Caenog, Corwen, wedi aros yn Ty'n Cefn. Tua 1912/1913. Dipyn o helynt ar y daith yn ôl – trafferth gyda'r ceffyl blaen.

The Gwyddelwern Wesleyan Sunday School outing by horse transport. Wagon from Caenog farm, Corwen. Quite a distance to Tŷ Nunt, Corwen. Photo taken at Ty'n y Cefn, Corwen 1912/1913. Trouble on the journey back to do with the leading horse.

Brithdir, Betws Gwerful Goch. Tŷ braf yr olwg, mewn llecyn hyfryd. Gwelwn y teulu Evans yn cychwyn ar siwrne, efallai i gyfarfod bregethu neu i ffair Gorwen. Llun o waith Meredith y Bala. Postiwyd ym Maerdy, 1905.

A beautiful photo of a fine stone built house. We see the family Evans off somewhere. Another scarce photo taken in the Corwen district by Meredtih of Bala. Posted at Maerdy, post mark 1905.

Cerdyn post diddorol o Fetws Gwerful Goch wedi ei bostio ym Mhort Talbot ar y 3ydd o Fedi, 1925 i ryw Mrs Davies o Maes Brith, Pentre Walbon, Corwen.

An interesting photo of Betws Gwerful Goch. Post card posted at Port Talbot on the 3rd of September, 1925 to a Mrs Davies of Maes Brith, Pentre Walbon, Corwen.

Carchar Owain Glyndŵr, sef y Carchardy Carrog. Owain Glyndŵr's jail, named Carchardy Carrog.

Corwen Rangers R.F.C. 1921-1926. Corwen Rangers R.F.C. 1921-1926.

Tim pêl-droed yr Urdd, Corwen. 1929/1930. The Corwen Urdd (National Youth of Wales) team. 1929/1930.

Rhyw un neu ddau o Gorwen ar un o'r sharabancs yn Llandudno. Tua 1924/1925. A couple from Corwen trying out one of Llandudno's Char-a-Bancs, during an outing there. About 1925-1926.

Clwb Criced Corwen ar gychwyn i Rhuthun. Tua 1930.

Corwen Cricket Club off to Ruthin. About 1930.

Sharabanc 'Leyland', gyda thrip o drigolion Corwen ar fynd i Fetws-y-coed. Tua 1924/1925.

A 'Leyland' Char-a-Banc full of Corwen folk off on a trip to Betws-y-coed. About 1925/1926.

Bws y 'Great Western Railway' wedi aros ger Tafarn y Goat, Y Cymro, Maerdy, Corwen. Tua 1920.

The Great Western Railway Bus on a stop at the Goat Hotel, Y Cymro, Maerdy, Corwen. About 1920.

Rhai o weithwyr Crosville Corwen y tu allan i garej y cwmni, Corwen. Tua 1948.

Some of the staff of Crosville Buses outside the company's garage at Corwen. About 1948.

Gwilym Jones, y condyctor (ar y chwith) a Ralph Thornton, y gyrrwr gyda ei fws 'Leyland', yng Nghorwen. Tua 1948.

Two of the Crosville staff at Corwen. Gwilym Jones, conductor, with the driver, Ralph Thornton, Corwen. About 1948.

Cangen Sefydliad y Merched Corwen. Llun y tu allan i'r Central Hotel Corwen. 1928/1929.

Members of the Corwen branch of the Womens Institute, seated outside the Central Hotel. 1928/1929.

Gwasanaeth Tân yr hen Sir Feirionnydd, Corwen, yn y chwedegau cynnar.

The days gone by of the old Meirionethshire Fire Service, Corwen Brigade. Early 1960's.

Bechgyn Ysgol y Cyngor Corwen yn brysur yn garddio. Ar y chwith, y prifathro, Mr Annwyl ac yn y canol yr athro, Thomas Edwards. 1914.

The pupils of the Corwen Council School, digging for victory. Left, the headmaster Mr Annwyl, middle, teacher Thomas Edwards. 1914.

Garddwyr Ysgol y Cyngor, Corwen yn cael seibiant. Yn sefyll o'r tu ôl:
E. Jones, E. Roberts, F. Williams, R.M. Roberts, M. Burgess, H.M. Edwards ac E. Owen.
Canol: T.G. Jones, G. Owen, H. Meredith, T. Davies, M. Williams a B. Gibbons.
Gwaelod: R.V. Jones, C. Jones, E.O. Williams a D. Roberts. 1938.

Corwen County School, gardeners at rest. Names as left:
Top: E. Jones, E. Roberts, F. Williams, R.M. Roberts, M. Burgess, H.M. Edwards ac E. Owen.
Middle: T.G. Jones, G. Owen, H. Meredith, T. Davies, M. Williams and B. Gibbons.
Bottom: R.V. Jones, C. Jones, E.O. Williams and D. Roberts. 1938.

Gweithwyr yn codi Pafiliwn Corwen yn 1911.

Builders erecting Corwen Pavilion. Note nailed boots on iron girders. 1911.

Clwb y Ceidwadwyr Corwen a'r cylch wedi dymchwel ryw nos Sadwrn yn 1911. Bore Sul yw, gwelwn rhai o drigolion y dref ar eu ffordd i foddion gras.

The old Corwen Conservative Club that came thrashing down on to the street one late Saturday evening. We see workers clearing the mess and some of the townspeople off to different houses for worship. 1911.

Te parti Ysgol Sul Methodist Clawddponcien, Corwen. 1937.

The Methodist Sunday School tea party, Clawddponcien, Corwen. 1937.

Agor a bendithio capel newydd y Faerdref, Llandrillo, gan y Master Henry Robertson, y Pale, Llandderfel. 31ain o Awst, 1909.

The opening and blessing of the new methodist chapel at Faerdref, Llandrillo, by Master Henry Robertson of Pale, Llandderfel. 31st of August, 1909.

Hendwr, Llandrillo. Dyma lle bu'r te parti ar ôl agor y deml uchod. Llun bendigedig, mae Henry i'w weld i'r dde o'r llwybr. Y tu ôl ar y chwith, gwelwn blismon Llandrillo yn cadw llygad ar y dorf. 31ain o Awst, 1909.

What a splendid photo of Hendwr Farm, Llandrillo. Here tea was provided for the members and the special visitors. We see young Henry right of the path. Left at rear we see the Llandrillo constable keeping his eye on the gathering. 31st of August, 1909.

39

Llun ar sgwâr Cynwyd gyda'r llanc, y mul a'r gansen. Gwelwn hefyd siop John Edwards, y Boot Stores, gydag un o'r cryddion o'r stôr. Tua'r 1920au.

Photo of a young lad and his donkey. He might have milk in the can. We see John Edwards, Boot Stores with one of the cobblers having a break perhaps. 1920.

Cynwyd eto. Ar y chwith, gwelwn Huw Lloyd gyda'i gert mul yn cario dŵr yn y gasgen. Mae'r ci yn edrych yn gyfforddus ar y ffordd garegog. Ar arwydd Tafarn y Prince of Wales, gwelwn mai rhyw David Davies yw y tafarnwr. Cyn 1914.

Here we see Hugh Lloyd Cynwyd with his donkey and cart. I was told it was water he had in the barrel. The dog seems to be enjoying his lie down on the rough road. We also see the name of David Davies on the sign of the tavern, Prince of Wales. 1912.

Criw o Gynwyd yn galw eu hunain yn Glwb y Cornchwiglod. Dosbarth Ysgol Sul ydynt yn cael picnic oddi ucha'r 'pentref Methodistied'. Tua 1930.

A mixed party of young people of the Cynwyd Calvanistics, who called themselves the Plovers Pee-wits, 'Cornchwiglod', having a picnic above the village.

Trên hanner am Gaer wedi aros yn stesion Gorwen ac yn cadw at ei amser. Tua 1959-1960.

The twelve noon train (The Pwllheli & Woodside) at Corwen station, prompt as always. About 1959-1960.

Diwrnod cneifio ar fferm Garthiaen, Llandrillo. Cyn 1914.

A busy day of shearing at Garthiaen farm, Llandrillo. Before 1914.

Y dorf wedi bod yn danfon y Frenhines Victoria i'r stesion ar ôl iddi agor hen neuadd y dref, yr *'Assembly Rooms'*. Mae ar ei ffordd i urddo Henry Robertson, Pale, Llandderfel, Corwen. Llun 1889.

The crowds dispersing after waving to Queen Victoria on her way to Corwen station where her journey terminates at Llandderfel, after royal opening of the Corwen Town Hall, (the Assembly Rooms). At Pale Hall, Llandderfel, where she presents Henry Robertson with a knighthood. Sir Henry 1889.

Ffair Gorwen yn yr hen oes. Gwerthu anifeiliaid ar y stryd oedd y ffasiwn. Llun 1895.

Here we see a late 18th century Corwen fair day, when livestock were bought and sold on the street.

Ffair Gorwen, tua'r gwanwyn. Mi welwn y ffermwr (ar y chwith, gwaelod) yn llygadu'r injan wair. Gwelwn Fred Crowe, China dealer, *Licensed Hawker*, Wrecsam yn cael hwyl ar werthu llestri i'r merched. Llun diddorol iawn. Tua 1910.

Another Corwen fair, it must be spring. We see a farmer interested in a hay-mower, also a very busy Fred Crowe, China dealer, Hawker of Wrexham, doing a good trade with the ladies. A very interesting photo. About 1910.

1914-1918. Teritorials Corwen, rhan o'r 7fed fataliwn o'r Royal Welsh Fusiliers, wedi'u galw i'r 'cylars', gyda band y dref yn eu danfon i'r stesion ar eu taith i'r Drenewydd, Sir Drefaldwyn. 6ed o Awst, 1914.

1914-1918. The Corwen Territorials, a section of the 7th Battalion, Royal Welsh Fusiliers, called to the colours, off to the station, destination – Newtown, Montgomeryshire. We see part of Corwen band supplying I am sure some marching music. 6th of August, 1914.

Dyma ran o fataliwn o'r Royal Welsh Fusiliers wedi aros y nos yng Nghorwen, gyda Captain Lloyd ar ei ferlen yn diolch i Roberts y Glyndŵr Hotel, ac i drigolion y dref am eu croeso. 15fed o Ebrill, 1915.

Here we see a squad of the Royal Welsh Fusiliers, they spent the night here at Corwen, at the Pavillion. They are facing the Owain Glyndŵr Hotel, with a certain Captain Lloyd on his horse thanking the townspeople for their hospitality. 15th of April, 1915.

Fy nhad, Evan Owen (yn eistedd) a'i frawd Richard. Y ddau o fferm Plas yn Ddôl, Y Ddwyryd, Corwen yn cyfarfod heb weld ei gilydd ers tua phum mlynedd mewn cantîn yn Cairo, Yr Aifft. 23ain o Ebrill, 1918.

My father Evan Owen (sitting), along with his brother Richard, both at the time of Plas yn Ddôl farm, Druid, Corwen. They had not seen each other since about five years and met each other in a canteen in Cairo, Egypt. 23rd of April, 1918.

Naw o Territorials Corwen yn Douglas, Ynys Manaw:
(Yn sefyll) J.K. Owen, J.H. Hughes, H. Davies, C. Davies, L. Edwards.
(Yn eistedd) W. Richards, (?), R.R.Williams, J. Williams. 1936.

Nine Corwen Territorials at Douglas, Isle of Man:
(Standing) J.K. Owen, J.H. Hughes, H. Davies, C. Davies, L. Edwards.
(Sitting) W. Richards, (?), R.R. Williams, J. Williams. 1936.

Yr hen Dywysog Cymru, Edward, newydd agor drws neuadd newydd Glyndŵr, Glyndyfrdwy. Mae'n cael gair gyda hen filwr Robert Hughes o Gorwen, sydd yng ngosgordd y Lleng Brydeinig. Mai, 1934.

Edward Prince of Wales, at Glyndyfrdwy. The occasion was the Royal opening of the Village Hall. We see quite a crowd, the guard of honour provided by the Corwen British Legion. The Prince is seen having a chat with old soldier Robert Hughes of Corwen, Veteran of the Boer War and the 1914/18 war. 1934.

Dyma Robert Hughes, Corwen, yn rhoi cynghorion i'r hogyn-filwr Owen Jones o'r 'Royal Army Service Corps'. Ei gartref oedd Plas Cedyrn, Corwen. Bu farw yn yr Aifft yn 1939.

Here we see once more the old soldier Robert Hughes giving sound advice to boy soldier Owen Jones of Corwen. Jones died of natural causes in Egypt. Early 1939.

Dau ddyn dewr, Sgt E.G. Edwards o Ty'n y Cefn, Corwen. Bu ef yn y glaniad yn Arnhem, yr Iseldiroedd, 17eg o Fedi, 1944, gyda'r Paras. Cafodd ei glwyfo, bu'n garcharor a derbyniodd y Fedal Filitaraidd. Hefyd Sub. Lt R.C.M.V. Wynn o Blas Rug a gymerodd ran gyda'i long M/T-74 gyda'r Commandos ar St Najaire, Ffrainc yn mis Mawrth 1942. Collodd ei lygad, bu'n garcharor, a derbyniodd y fedal D.S.C. (Lord Newborough).

A joint two photos of two brave men Sgt E.G. Edwards of Tyn y Cefn, Corwen, he took part in the Paradrop at Arnhem, Holland, 17th of September, 1944. He was wounded, taken prisoner, and also awarded the Military Medal. Also Sub. Lt R.C.M.V. Wynn of Rug, Corwen, took part in the Commando raid on St Najaire, France, March 1942. Wounded, lost an eye, taken prisoner and served in an 'Oflag' camp also at Colditz. Holder of the D.S.C. medal, (Lord Newborough).

Cadets Corwen o'r Royal Welsh Fusiliers, swyddog Lt T.O. Jones. 1942.

Corwen Army Cadets Royal Welsh Fusiliers officer Lt T.O. Jones.

Hôm Giard Corwen a'r cylch yn y Rug. 1943.

Corwen & District Home Guard at Rug. 1943.

'Comandos' yr Hôm Giard yn y Rug. Y swyddog yw Capten Wilson. 1942.

Commando Section Home Guard at Rug. Officer: Captain Wilson. 1942.

Cangen Corwen o'r Lleng Brydeinig yn cychwyn am eglwys y dref, ar ddydd y cadoediad. Gŵr y faner yw'r cyn-Sgt James Owen, a fu'n brwydro yn Burma gyda'r Royal Welsh Fusiliers. Llun 60au.

Corwen branch of the British Legion, marching off to the Corwen Church on Rememberance Day. The Standard Bearer, (Ex Sgt James Owen of Corwen), was a veteran of the Burma Campaign, Royal Welsh Fusiliers. Photo 1960's.

PART II ORDERS

44th MERIONETH BN. HOME GUARD   SERIAL NO. 44/31

Station: CORWEN, N. WALES.   Date: 13 SEPTEMBER 1944.

Last Part II Orders issued: No. 44/30 dated 7.9.44

Item No.	Bn. No.	Rank. Name.	Nat. Reg. No.	Coy.	Particulars and Date of Casualty.
DISCHARGES					
1.	594	Pte. OVEN, Glyn	ZQKD/34/4	Cmds.	To Army (95 Primary Tng Co Fort George, Inverness)14.9.44. E.1157 to TAA herewith.
COMMISSIONS – RELINQUISHMENTS					
2.	1250	Lieut. GRIFFITHS, Iver Bevan	ZQFT/29/1	B.	Relinquishes commission at own request on posting to 7 Mont Bn H.G. 19.1.44. Authority: Appdx to Wester Cmd H.G. Order 952/44. (Struck off strength on posting by Pt. II Order 44/ item 3).
PROMOTIONS – OFFICERS					
3.	396	Capt. WALLEY, Frank Gordon	LBAY/97/2	C.	Promoted Major (Cmd "C" Co 25.7.44. Authority: Appdx Western Cmd H.G. Order 952/
4.	404	Lieut. JONES, Oswald	ZQHJ240/1 Bn. Hq		Promoted Captain (Catering Offr. S Sector) 27./.44. Authority: Appdx to Wester Cmd H.G. Order 952/44.
5.	431	2/Lt DAVIES, Ayren Gwynn Astley	ZKGR/41/1	C.	Promoted Capt.(2 i/c C Coy 25.7.44. Authority: Appdx Western Cmd H.G. Order 952
REVERSIONS – OFFICERS (and TRANSFER – INTER-COMPANY)					
6.	203	Major HUGHES, William Aelwyn	BQKK/3/1	C.	Reverts to Captain on relinquishing Cmd "C" Coy apptmt as S.O. 6 Sector 25.7.44. Authority: Appdx Western Cmd H.G. Order 952 Transferred to Bn. H.Q. "C Coy please forward E.1158.
PUNISHMENTS and CONVICTIONS					
7.	433	Pte. JONES, Robert Lloyd	BQRE/6/3	C.	Convicted at Corwen for absence and fined £3, 28.7.44 (Western Cmd H.G. Order 976/44).

STRENGTH AS AT 13.9.44

	Bn.H.Q.	A Coy	B Coy	C Coy	Commandoes	Totals
Officers	13	7	10	6	1	37
Other Ranks	4	169	201	136	20	530
All Ranks	17	176	211	142	21	567

Women – 21

Capt A & Q
for Lt. Col.
Cmd. 4 Mer Bn. Home Guard.

The Armoury,

Adran 2, gorchmynion yr Hôm Giard.   *Section 2. Home Guard Orders for 1944. Quite a bit of local military history of yesteryear.*

Nyrsus y Groes Goch, gyda Mrs Ruby Wynn y Rug, y 'commandant' ynghyd â dau o'r Ambiwlans Sant Ioan ar stesion Corwen, 2il o Fedi, 1939 yn disgwyl yr efaciwis o lannau Merswy.

Red Cross Nurses with their Commandant Mrs Ruby Wynn of Rug, Corwen, with two male St Johns at Corwen station waiting for the train-full of Merseyside evacuees. 2nd of September, 1939.

A dyma nhw wedi cyrraedd gyda Bob Owen, Cynwyd a Sgt Grig Davies yn cadw llygad arnynt.

The children have arrived. We see Brigade St John, Bob Owen, Cynwyd, ready to give assistance, also Police Sgt Grigg Davies here to keep the peace.

Ty'n y Cefn, Corwen. Tri o'r bechgyn ar eu ffordd i'r ffynnon. Tua 1920.

Three young boys at Ty'n y Cefn Corwen, off to the well with their pails. About 1920.

Damwain ceir yn Ty'n y Cefn. Mae'r car ar y dde wedi taro yr un o'i flaen a oedd ar yr ochr iawn i'r ffordd. Gwelwn ŵr yr A.A. a chwnstabl Thos Davies, Corwen. Llun tua 1935.

Head on motor crash at Ty'n y Cefn. Car on right facing, wrong side of road. We see the A.A. Patrolman quite busy, also Constable Thos Davies of Corwen. About 1935.

Llun hen bont yr L.M.S. Corwen dros Afon Dyfrdwy. Gwelir hefyd yr hen bont droed bren i'r dde. 1907.

Photo of old L.M.S. Corwen bridge over the Dee. On the right we see the old wood foot bridge also crossing the Dee before the new bridge (at the time called Victoria) was built. 1907.

Plant a rhai o oedolion Brook Street, Corwen yn cael ei swyno gan Harry Wood a'i ffidil ar achlysur coroni'r Brenin Siôr (VI) ac Elizabeth. 1937.

Children and a few adults of Brook Street, Corwen, being entertained with some music by Henry Wood of Corwen during the coronation of George VI and Elizabeth. 1937.

Oedolion Brook Street, Corwen yn mwynhau paned o de ar achlysur y coroni yn 1937.

Residents of Brook Street, Corwen enjoying a cup of tea during the Coronation. 1937.

Plant Ysgol Dewi Sant, Plas Adda, Corwen. Miss Smith, y brifathrawes (ar y chwith) a Miss M. Humphries, athrawes. 1933.

Children of St David's School, Plas Adda, Corwen. Headteacher Miss Smith on the left and teacher Miss M. Humphries. 1933.

Pont Victoria, pont newydd Corwen. 1907.   *Victoria, the new bridge in Corwen. 1907.*

Hen lun o derfyn y sgwâr, Corwen. Marc post 1910, ond y llun yn gynharach. Tybed pwy oedd y ferch fach?   *An interesting old photo of Corwen. I wonder who was the little girl? Postmark 1910 but could be earlier.*

Dwy fom a ddisgynnodd ar dir fferm Llechwedd, Llandrillo heb ffrwydro. Maent yng ngofal P.C. Roberts, plismon y pentref, ac hefyd Mr Moon, Tyddyn Llan. 1942.

Two bombs that fell on land belonging to Llechwedd farm Llandrillo, they were duds. P.C. T. Roberts the village policeman is taking care of them, along with Mr Moon of Tyddyn Llan. 1942.

Trên y *London North Western Railway* yn croesi pont haearn dros Afon Dyfrdwy, Corwen. (1914) Yr L.M.S. oedd y cwmni ar ol 1922.

The London North Western Railway train crossing the Corwen Rail Bridge, during flood. The company was L.M.S. after 1922.

Swyddfa'r Post a Garej y Ddwyryd. Tua 1930.

The Post Office and Garage, Druid, Corwen. About 1930.

Y postman ar dro, Emlyn Roberts o Fourcrosses, y Ddwyryd yn derbyn parseli Nadolig gan y bostfeistres, Mrs Humpheries. Mae ganddo siwrne fawr gyda'i ferfa o'i flaen. Llun 1948.

Part-time postman E. Roberts of Fourcrosses, Druid, receiving the last batch of Christmas parcels from the Druid postmistress, Mrs Humpheries. Why the wheel-barrow? Perhaps due to the petrol ration. Christmas 1948.

Y plât ar hen garreg filltir ar hen ffordd Telford yr A5 oddi uchaf y Ddwyryd.

The old cast iron cast lettered mile stone, which at one time stood on the right of the old Telford road, the A5 now near Druid.

Y blwch postio pilar cyntaf ym Meirionnydd, gyda choron Elizabeth II arno. Y postmon yw Victor Meredith, a fu farw wrth ei waith yn ardal Llangwm, yn agor y blwch er mwyn ei wagu. Tua 1953.

The first letter pillar box to be erected in old Meirionnydd, situated at Melin Rug, Corwen, with the Crown of Elizabeth II. We see postman Victor Meredith in attendance. He died at Llangwm on his round.

Postmon gwlad Ambrose Hughes gyda'i het ddau big. Gweithredai o bost Corwen. Cyn 1914.

Country postman, Ambrose Hughes, Corwen. Note the old type hat. Before 1914.

Mr Cooper, dyn yr R.A.C. yn gwarchod y gyffordd yn y Ddwyryd. Canol y tridegau. Sylwn ar hen gamsillafiad Dolgellau, sef Dolgelley.

Mr Cooper the R.A.C. man based at Druid, Corwen. Middle 1930's. Note the English misspelling for Dolgellau.

Llun diddorol o sgwâr Corwen. Gwelwn arwyddion ar siop Llew Williams, Mona House. Un yn ymwneud â melysion (ar rasiwn ar y pryd) a Players Navy Cut – roedd y rhain hefyd yn brin ar yr adeg honno. Yno hefyd mae *Farmers Weekly* i ffermwyr y cylch. Tua 1946/1947.

A very interesting photo of Corwen Square. In the front we see Llew Williams of Mona House. He advertises that he stocks sweets, which are on ration at that time and Players cigarettes also at that time very scarce. For the farming community he has *Farmers Weekly* for sale. About 1946/1947.

Merched Edeyrnion o'r Groes Goch ar barêd ym Mhlas Rug ac yn disgwyl archwiliad gan y Ddugos o Caint. Yn sefyll ar y chwith mae y Dr D. Edwards, Corwen, gyda band yr Hôm Giard y tu cefn. 20fed o Fedi, 1943.

The Red Cross nurses of Edeyrnion on Royal Parade at Rug Hall. They are about to be inspected by Her Royal Highness Duchess of Kent. Standing left, Dr D. Edwards, Corwen. We also see the Homes Guard Band at the rear. 20th of September, 1943.

Y Dduges yn archwilic dynion Sant Ioan gyda phrif gwnstabl Meirionnydd a Mrs Ruby Wynn yn Rug. 20fed o Fedi, 1943.

The Duchess now inspecting the St Johns and Cadets. We also see the chief constable of Meirionnydd and also the President of the Red Cross, Mrs Ruby Wynn at Rug. 20th of September, 1943.

63

Dyma nhw i gyd: y Groes Goch, Sant Ioan, y V.A.D. a chadets Sant Ioan yn y cefn ar y dde, gwelwn Sgt Bert Hughes, Hôm Giard Corwen. 20fed o Fedi, 1943.

Here we see the whole parade, Red Cross, St Johns and Cadets, and the V.A.D.'s. In the middle far lef the band master waiting for signal to strike up the music. Lone Home Guardsman right is Sgt Bert Hughes of Corwen. 20th of September, 1943.

Y Dywysoges Elizabeth a'i gŵr Dug Caeredin yn stesion Corwen. Gwelwn Elizabeth yn ysgwyd llaw â Mrs I. Davies o'r dref, y tu ôl iddi mae'r Dug yn ysgwyd llaw â Mr Aelwyn Hughes, Glanalwen, Corwen, a'i wraig, yn gwenu ar y dywysoges. 29ain o Ebrill, 1949.

The royal visit of Princess Elizabeth and the Duke of Edinburgh to Corwen. In the photo, we see Elizabeth at Corwen station meeting Mrs I. Davies of Corwen. Rear we see the Duke shaking hands with Mr Aelwyn Hughes of Glanalwen, Corwen, with his wife smiling as she looks on at Elizabeth. 29th of April, 1949.

Y Dug yn cael sgwrs gyda Mrs Ann Lloyd o Pen y Bryn, Glanrafon, ac Elizabeth yn ysgwyd llaw â dynes sy'n ddiarth i mi. 29ain o Ebrill, 1949.

The Duke has paused for a chat with Mrs Ann Lloyd of Pen y Bryn, Glanrafon. The Princess is shaking hand with a certain lady, not known. 29th of April, 1949.

Lleng Brydeinig Corwen yn cael yr anrhydedd o warchod y teulu brenhinol tra yn y dref. 29ain o Ebrill, 1949.

Corwen British Legion on parade as guard of honour to the royal couple, while at Corwen. 29th of April, 1949.

Dynion a merched Ambiwlans Sant Ioan yn disgwyl i'r teulu brenhinol ddod heibio, gyda dau o'r swyddogion: Dr D. Edwards, Corwen a'r Sgt J. Idwal Jones, Cynwyd. 29ain o Ebrill, 1949.

A mixed company of St Johns Ambulance waiting patiently for their inspection with officers, Dr D. Edwards, Corwen and Sgt J.I. Jones of Cynwyd. 29th of April, 1949.

THE SMITHY,
CERRIG-Y-DRUIDION,
Nr. CORWEN.

..................................190

M..

To **JOHN OWEN,**
GENERAL SMITH.
AGRICULTURAL IMPLEMENT MAKER.

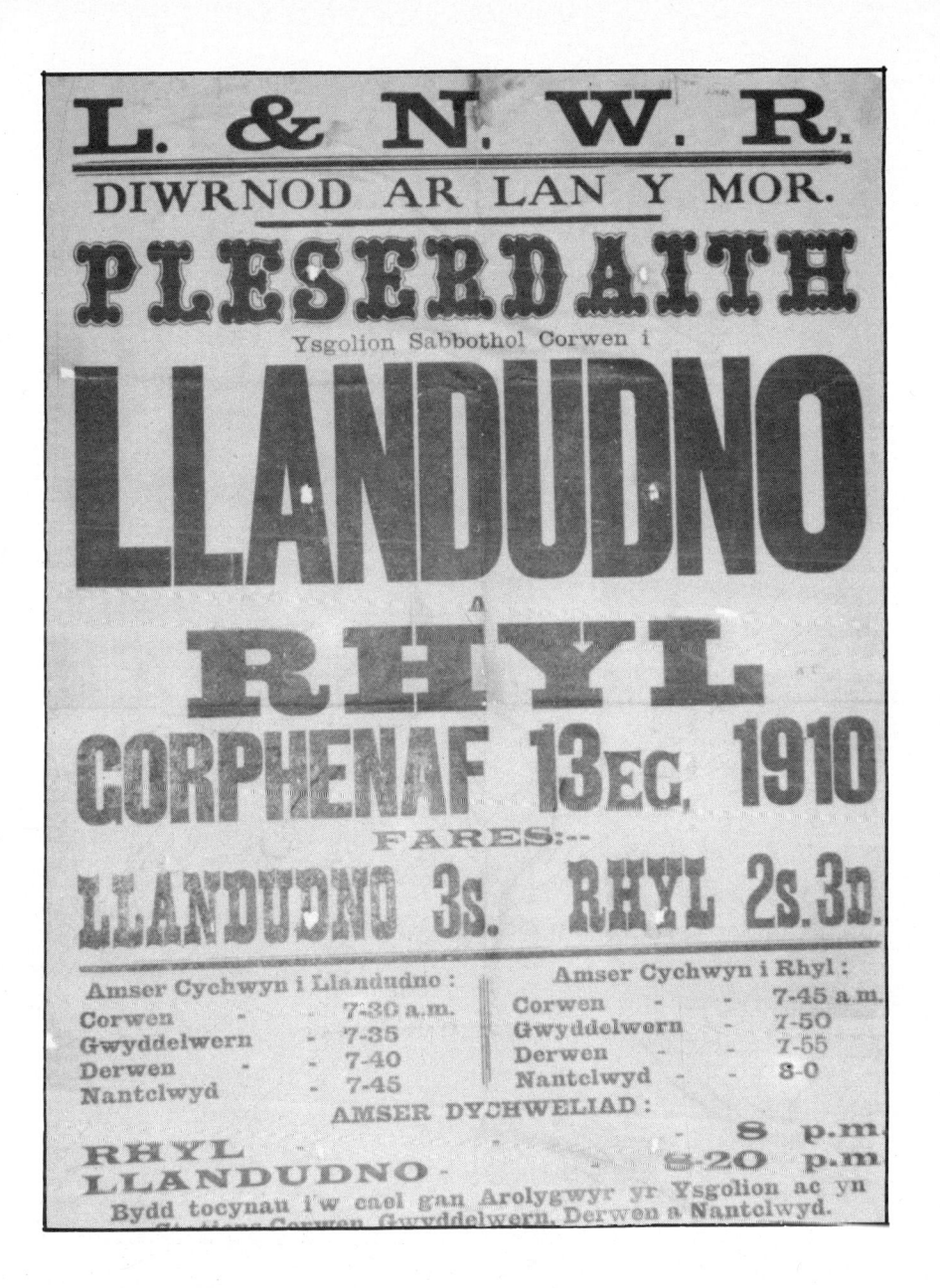

Trip Ysgolion Sul Corwen i lan y môr.

An interesting poster telling us then of the Sunday Shool trip to the sea side.

Golden Lion Hotel,
CORWEN.

DINNERS
FROM 11 TILL 2.

TEAS AT ANY HOUR
OF THE DAY.

Prices Reasonable.

GOLDEN LION HOTEL,
Brige Street, Corwen,

Proprietress—**JANE JONES**.

Printed by the Corwen Printing Co.

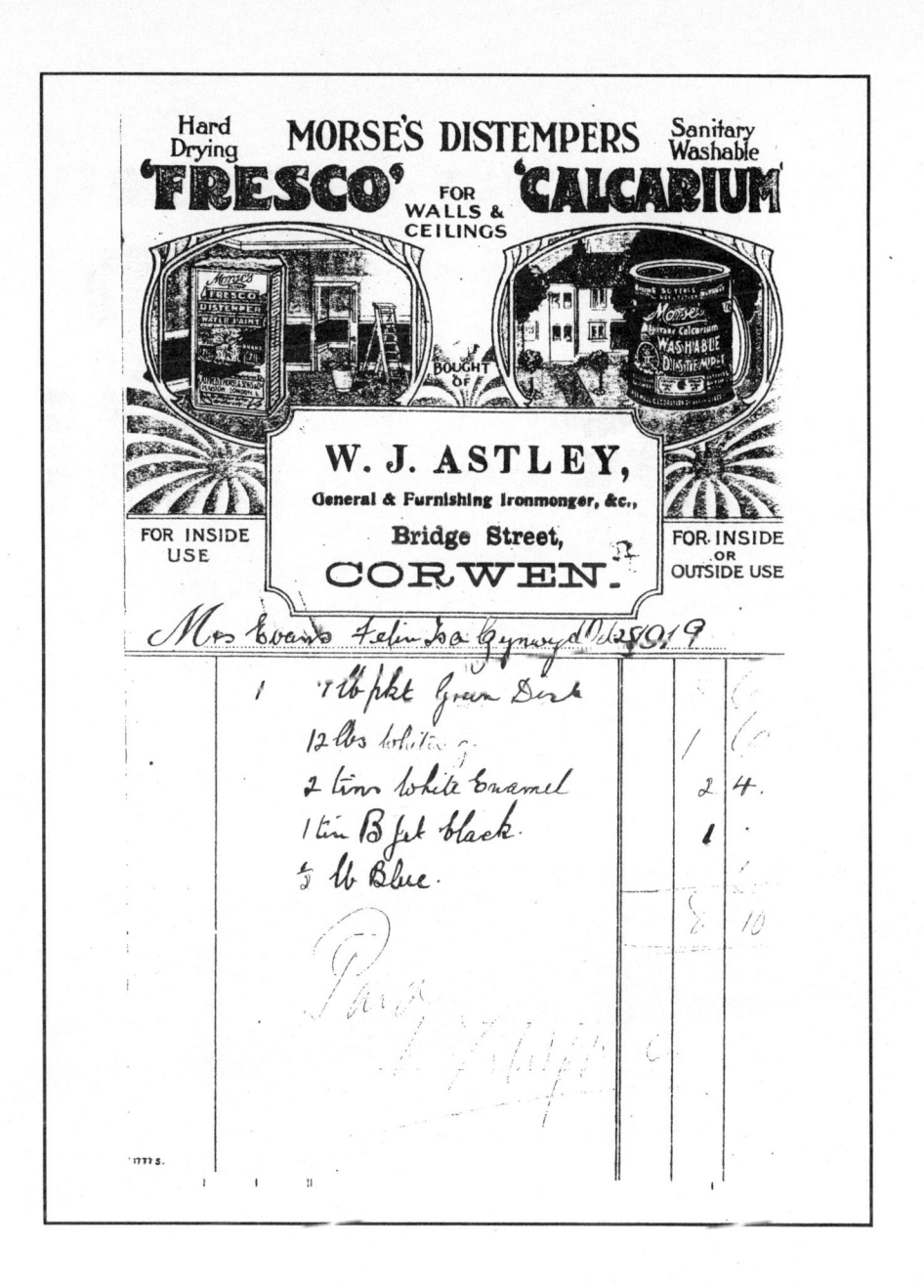

Mae'r siop hon dal yn yr un teulu heddiw.   This shop is still in the same family today.

MINFFORDD HOUSE,
CORWEN,
....19

M..

Bought of **F. A. Warburton,**
Fruiterer, Greengrocer, &c.

DRUID,
CORWEN,...................190

M..

Dr. to **Griffith Roberts & Sons,**
WOOD TURNERS, &c.

Terms—CASH.

MONA HOUSE,

CORWEN, ...190

M ....

Bought of M. Jones,

DEALER IN

Glass, China, and Earthenware.

Memo. from . . .

*All kinds of Pallisading & Gates made to order.
Agricultural Implements made and repaired.*

W. R. EVANS, R.S.S. (By Exam.),

General Smith, Brazier, &c., &c.,

Berwyn Works, CORWEN.

SHOEING DONE ON A SCIENTIFIC PRINCIPLE. ++++++++++++

..................................190

ESTIMATE.

I have pleasure in handing you Quotation below, and trust same will meet with your approval.

O. A. LLOYD
DRAPER AND OUTFITTER
Thoroughly Reliable Goods at Moderate Prices
WATERLOO HOUSE
CORWEN

May 11 1935

Mr Cecil Jones (Walker Bequest)

Apl 29	1 Pyjamas		8	6
	2 Wool Drawers 9/6		19	–
	2 Vests 9/11		19	10
	1 Socks		1	9
	2 — 2/3		4	6
		3	1	–
	2 Shirts 6/6		13	–
		3	14	1
	Discount		1	7
		3	12	6

Pd A/c

CAXTON HOUSE

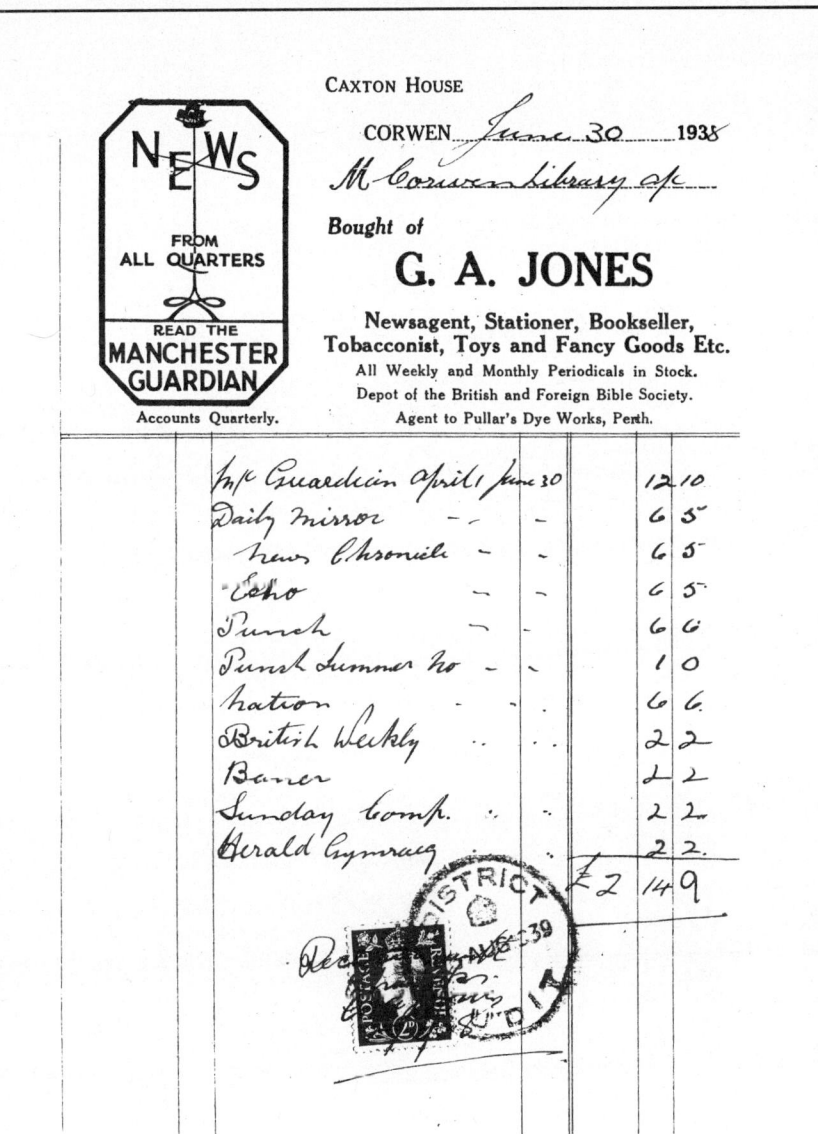

CORWEN June 30 1938

M Corwen Library a/c

Bought of

G. A. JONES

Newsagent, Stationer, Bookseller,
Tobacconist, Toys and Fancy Goods Etc.
All Weekly and Monthly Periodicals in Stock.
Depot of the British and Foreign Bible Society.
Agent to Pullar's Dye Works, Perth.

NEWS FROM ALL QUARTERS — READ THE MANCHESTER GUARDIAN

Accounts Quarterly.

M/c Guardian April 1 June 30	12	10
Daily Mirror	6	5
News Chronicle	6	5
Echo	6	5
Punch	6	6
Punch Summer No	1	0
Nation	6	6
British Weekly	2	2
Baner	2	2
Sunday Comp.	2	2
Herald Cymraeg	2	2
	£2 14	9

New Inn,

LLANGWM, ... 19

M..

To R. S. EDWARDS.

◦ Horse and Trap for Hire. ◦

HEOL Y BONT,

Corwen *Awst 18 1894*

PRYNODD *Hinury W. E. Jones ai Syf*

Gan EDWARD E. EVANS,

Haiarnfaelwr a Dodrefnydd Cyffredinol,

Gwneuthurwr Offer Amaethu a Dodrefn.

TELERAU............................. Codir llog ar gyfrifon ol-ddyledus.

4 Ebrill anfonwyd | 13 | 4

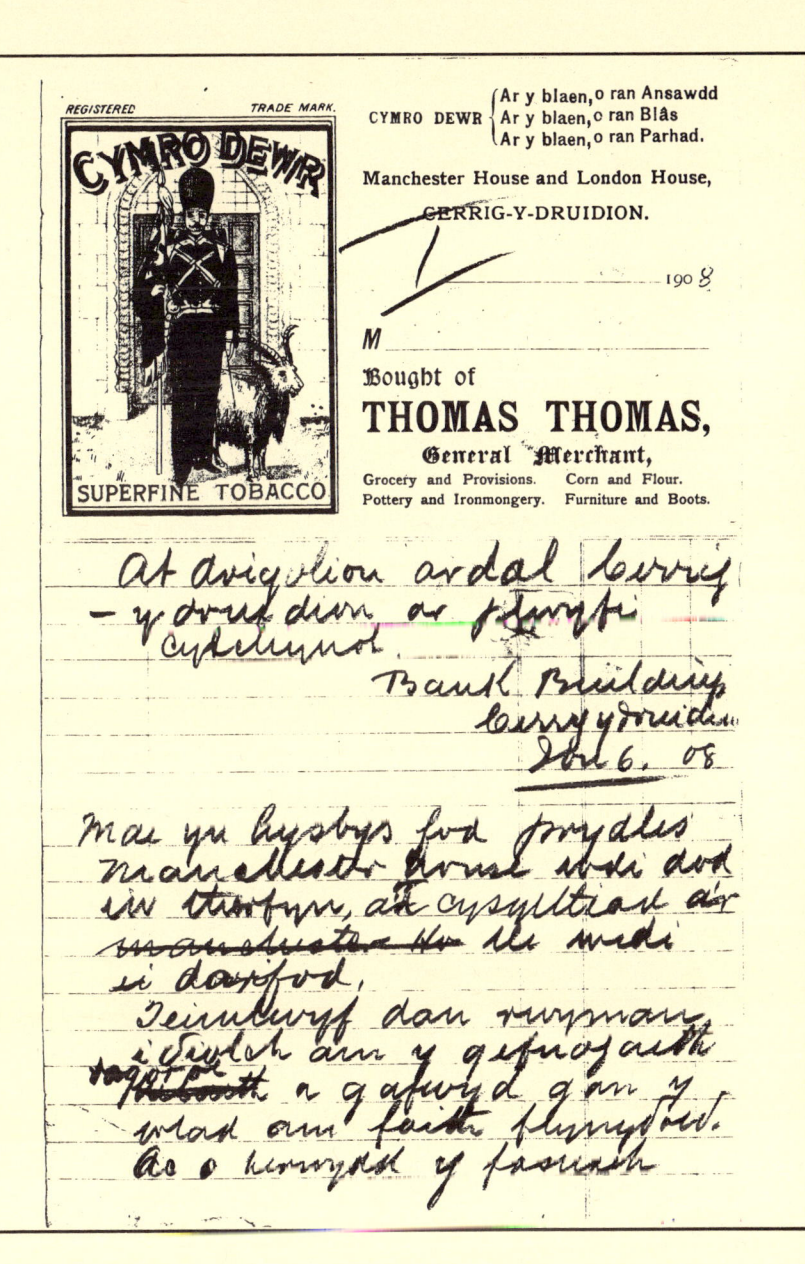

CYMRO DEWR (Registered Trade Mark) SUPERFINE TOBACCO	CYMRO DEWR { Ar y blaen, o ran Ansawdd Ar y blaen, o ran Blâs Ar y blaen, o ran Parhad.

Manchester House and London House,
CERRIG-Y-DRUIDION.

_____ 1908

M _____

Bought of
THOMAS THOMAS,
General Merchant,
Grocery and Provisions.   Corn and Flour.
Pottery and Ironmongery.   Furniture and Boots.

At drigolion ardal Cerrig
-y-druidion ar plwyfi
cylchynol.
        Bank Buildings
            Cerrig y druidion
        Ion 6. 08

Mae yn hysbys fod prydles
Manchester House wedi dod
i'w therfyn, a'r cysylltiad a'r
Manchester House wedi
ei darfod.
    Teimlwyf dan rwymau
i ddiolch am y gefnogaeth
a gafwyd gan y
wlad am faith flynyddoedd.
Ac o herwydd y fasnach

LONDON ROAD,
CORWEN, ... 19

M ....

Bought of ..

R. H. Williams,

BUTCHER.

PRIME WETHER MUTTON, BEEF, LAMB AND VEAL
AS IN SEASON.

CARTREFLE,
CORWEN, ... 190

M ....

Bought of **J. R. Evans,**

Boot and Shoe Manufacturer.

BOOTS & SHOES TO ORDER.   REPAIRS PROMPTLY EXECUTED.
RUBBER HEELS & POLISHES ALWAYS IN STOCK.

Terms—CASH.   Boots and Shoes repaired no matter from whom purchased.

G. OWEN

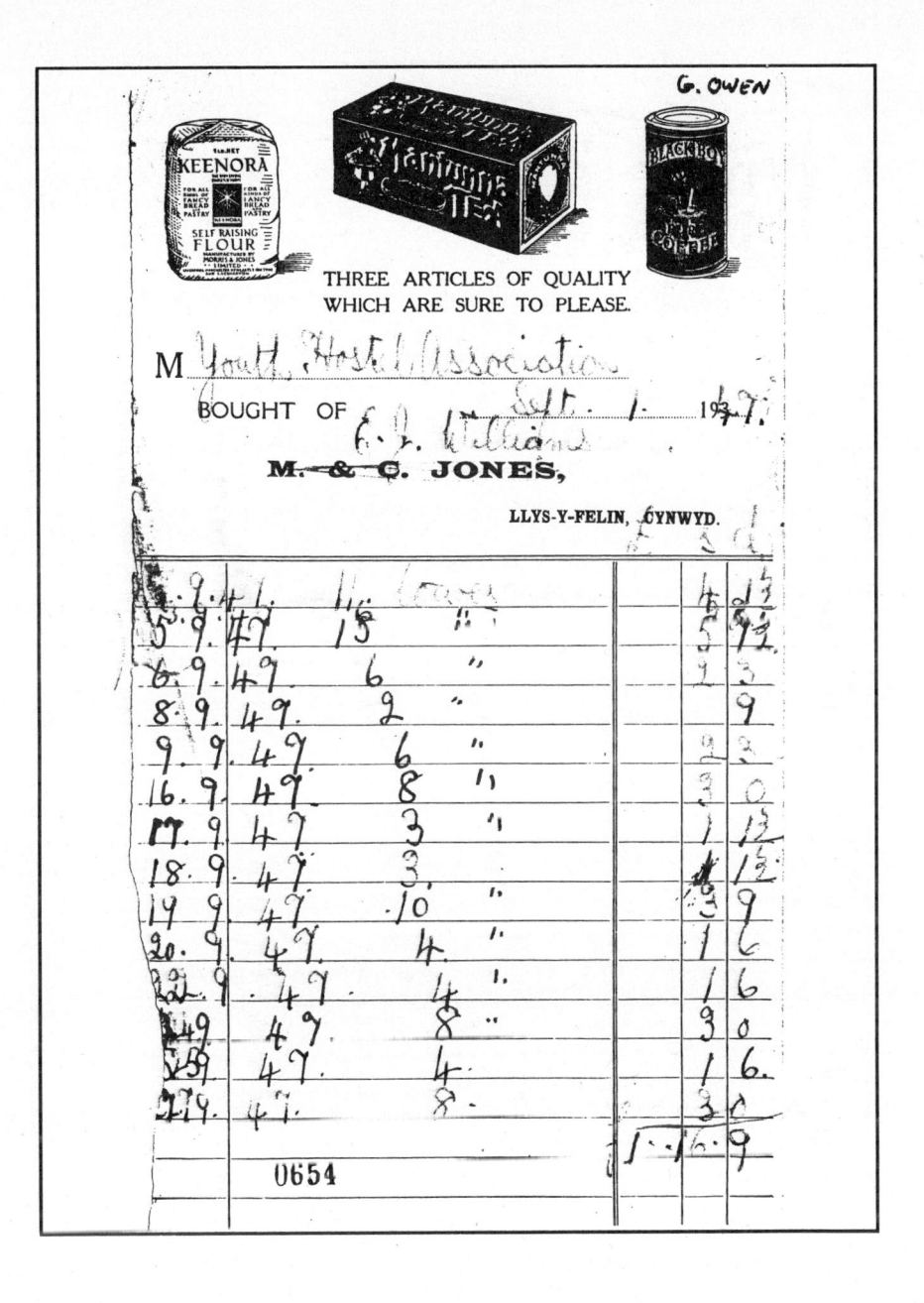

KEENORA SELF RAISING FLOUR

THREE ARTICLES OF QUALITY
WHICH ARE SURE TO PLEASE.

M Youth Hostel Association
BOUGHT OF E. J. Williams   Sept. 1. 1947.

M. & C. JONES,
LLYS-Y-FELIN, CYNWYD.

Date				£ s d
5.9.47	1½	loaves		1/1½
6.9.47	6	"		3
8.9.47	2	"		9
9.9.47	6	"		2/3
16.9.47	8	"		3/0
17.9.47	3	"		1/1½
18.9.47	3			1/1½
19.9.47	10	"		3/9
20.9.47	4	"		1/6
22.9.47	4	"		1/6
29.47	8	"		3/0
23.47	4			1/6
27.9.47	8			3/0
				1..16.9

0654

GLANABER, DRUID,
Nr. CORWEN.
.... 193

M..

Dr. to ENOCH EVANS,
Boot and Shoe Repairer and Dealer.

REPAIRS NEATLY and PROMPTLY EXECUTED.

Terms—Cash.   Boot Polishes in Stock.

GOWEN CORWEN.

Agent for Sprock's and Kropp's Celebrated Razors.
Razors neatly Ground and Set.

* * *

J. T. GARNER,
HAIRDRESSER, &c.

UMBRELLAS & SUNSHADES RE-COVERED
AND REPAIRED.

Razor Strops, Shaving Requisites, Toilet Soaps, Walking Sticks.
Ladies' Combings made up.

BRIDGE STREET,
    CORWEN.

Carrog Station,

.... 19

M..

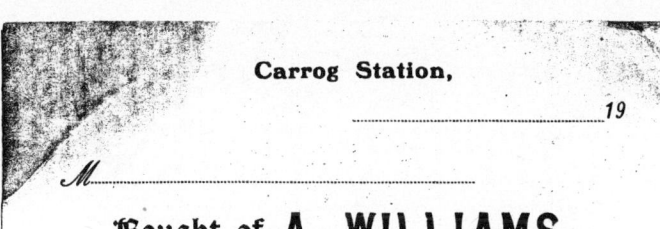

Bought of A. WILLIAMS,
Coal Merchant.

Accounts due Monthly.   Interest charged on overdue accounts.

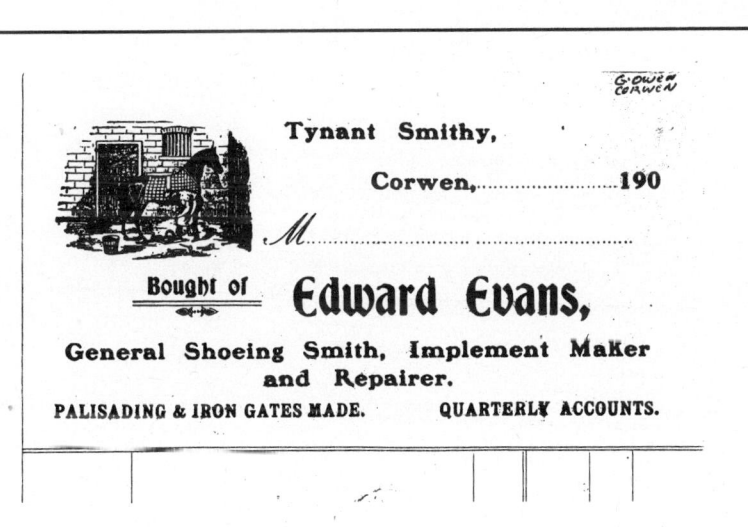

Tynant Smithy,

Corwen,.................... 190

M..

Bought of **Edward Evans,**

General Shoeing Smith, Implement Maker and Repairer.

PALISADING & IRON GATES MADE.   QUARTERLY ACCOUNTS.

CYNHELIR

Cyfarfod Ymlistio

— YN Y —

NATIONAL SCHOOL, CARROG

Sadwrn Nesaf, Medi 26ain,

AM 7-30 O'R GLOCH. 1914

Cadeirydd = = Dr. HINDLEY.

SIARADWYR :

Caradoc Rees, Ysw.,

BIRKENHEAD.

DUDLEY MORGAN, YSW.,

CORWEN.

AC ERAILL.

"DUW GADWO'R BRENHIN."

Argraphwyd yn Swyddfa Cwmni Argraphu Corwen.

Mae rhan o deulu'r Hindley yn dal i fyw yn Carrog.

Some of the Hindley family still live at Carrog.

```
                    SIAMBERWEN,
                    GLYNDYFRDWY,
                              June    19 36
          M For the Parish Council
          Dr. to T. J. RICHARDS, Corwen
                    JOINER.

   July 1936   For repairing six
                     Stiles
              Paid with thanks   £1 · 0 · 0
```

Yn ogystal â thrin coed, roedd Richards yn fardd o'r math gorau.	As well as being a good joiner, Richards was a good poet.

```
              MARKET PLACE,
              Corwen,              190
              
              To Thomas Salmon, M.P.S.
                  Chemist & Druggist,
           Proprietor of the Celebrated Condition Powders for Horses.
              SALMON'S STOMACH & LIVER PILLS, COUGH BALSAM. &c.
              Dealer in Oils, Paints, Colors & Varnishes.
```

CYNHELIR

Cyfarfod Ymlistio

— YN Y —

NATIONAL SCHOOL, CARROG

Sadwrn Nesaf, Medi 26ain,

AM 7-30 O'R GLOCH.   *1914*

Cadeirydd - - Dr. HINDLEY.

SIARADWYR :

Caradoc Rees, Ysw.,

BIRKENHEAD.

DUDLEY MORGAN, YSW.,

CORWEN.

AC ERAILL.

"DUW GADWO'R BRENHIN."

Argraphwyd yn Swyddfa Cwmni Argraphu Corwen.

500 August 20/08

BOBL ANWYL!

Chwi wyddoch nad oes gwell **Ffitiwr** ar Ddillad na

ROBERT DAVIES,
Dilladfa'r Bobl, Corwen.

Y mae yn **Gwerthu Allan** am y Mis hwn yr oll o'r Brethynau sydd ganddo mewn Stoc am o

2s. i 2s. 6d. y Bunt yn Rhatach,

er mwyn cael lle i Stoc Newydd.

Cofiwch fod o 2 swllt y bunt (mewn brethyn o'r fath y mae ef yn gadw) yn werth i chwi fyned ato yn ddioed er sicrhau bargen.

Y mae wedi sicrhau Staff o ddynion fel y gall wneud y Dillad ar y *rhybudd lleiaf.*

Telerau—ARIAN PAROD.

Cofiwch y Cyfeiriad—
DILLADFA'R BOBL,
(Gyferbyn a'r Station), **CORWEN.**

Argraffwyd gan y Corwen Printing Co.

Mae llun Robert Davies i'w weld ar y ffair Gorwen (tud.). Mae'n sefyll ar ganol y ffordd dyrpeg, gyda'i ben yn edrych i'r chwith, a'i fawd ym mhoced ei wasgod. Disgwyl y mae o am bres gan hwn a'r llall o'i gwsmeriaid.

A photo of Robert Davies in Corwen fair appears on page .... He stands in the middle of the road, facing left, with his thumb in his waistcoat's pocket. He is waiting for payments from his customers.

THREE ARTICLES OF QUALITY
WHICH ARE SURE TO PLEASE.

Mrs. Davies Trysks Cottage.

BOUGHT OF

E. J. Williams

M. & C. JONES,

LLYS-Y-FELIN, CYNWYD.

29.11.47.

		£	s	d
29.11.47.	Bal.		3	6½
29	Biscuits 10. 6 Crackers 9½.		1	7½
	Grouts 1½. Currant Bread 1/7		3	1½
.1.	Sugar 9½ Butter 6. Almond 2/-		3	1½
	Malt 2/6. Oil 9½ Candles 6.		3	9½
	Sweets 4. Chocolate 9½ Marmalade 1/9		2	9½
	Sugar 5 Sugar 10½ Crackers 11		2	8½
	Biscuits 4½ Vanilla 11 Soap 1/3.		2	9½
	Cake 1/3 Loaf 4½ Eggs 6		2	1½
		£1	4	9½
	1/6. Loaf 9		2	3
		£1	7	0½
	6.12.47. Cash		15	0
	Bal.		12	0½

Diddorol yw darllen y prisiau uchod yn niwedd 1947.

These prices, dating back to the end of 1947, make interesting reading.

84

SALE

YN

SHOP GLANRAFON

I DDECHREU

☞ **IONAWR 22ain,** ☜

ac i barhau hyd ddiwedd Chwefror.

GOSTYNGIAD SYLWEDDOL

MEWN POB MATH O

Drapery, Ironmongery, a Phapurau at bapuro tai.

Jackets i Ferched a Phlant

o 2s.6d. i fyny.

PAPURAU MURIAU

o 1d. y Pisyn i fyny.

Argraffwyd gan y Corwen Printing Co.

Câi'r siop hon ei chadw gan rhyw Miss Williams.

This shop was kept by a 'Miss Williams'.

                                                            604
MONA HOUSE.
       CORWEN.   June - 30   1938

Bought of **LLEW. WILLIAMS**

Newsagent, : Stationer,   Roll Films and
*   Tobacconist   Photography*
and Fancy Goods.   in all its Branches.
             LOCAL PHOTOGRAPHIC VIEWS

To	Copies Sketch	6	6 5
	" " D. Post.	6	6 5
	" " Express	6	6 5
	" " Herald	6	6 5
	" " Telegraph	6	6 5
13	" " Brython.	2	2
13	" " Leader.	2	2
13	" " London News.	13	0
13	. Cambrian News	2	2
13	" " Local Gov Cron	3	3
13	- John O. London	2	2
		3	17
		17	-

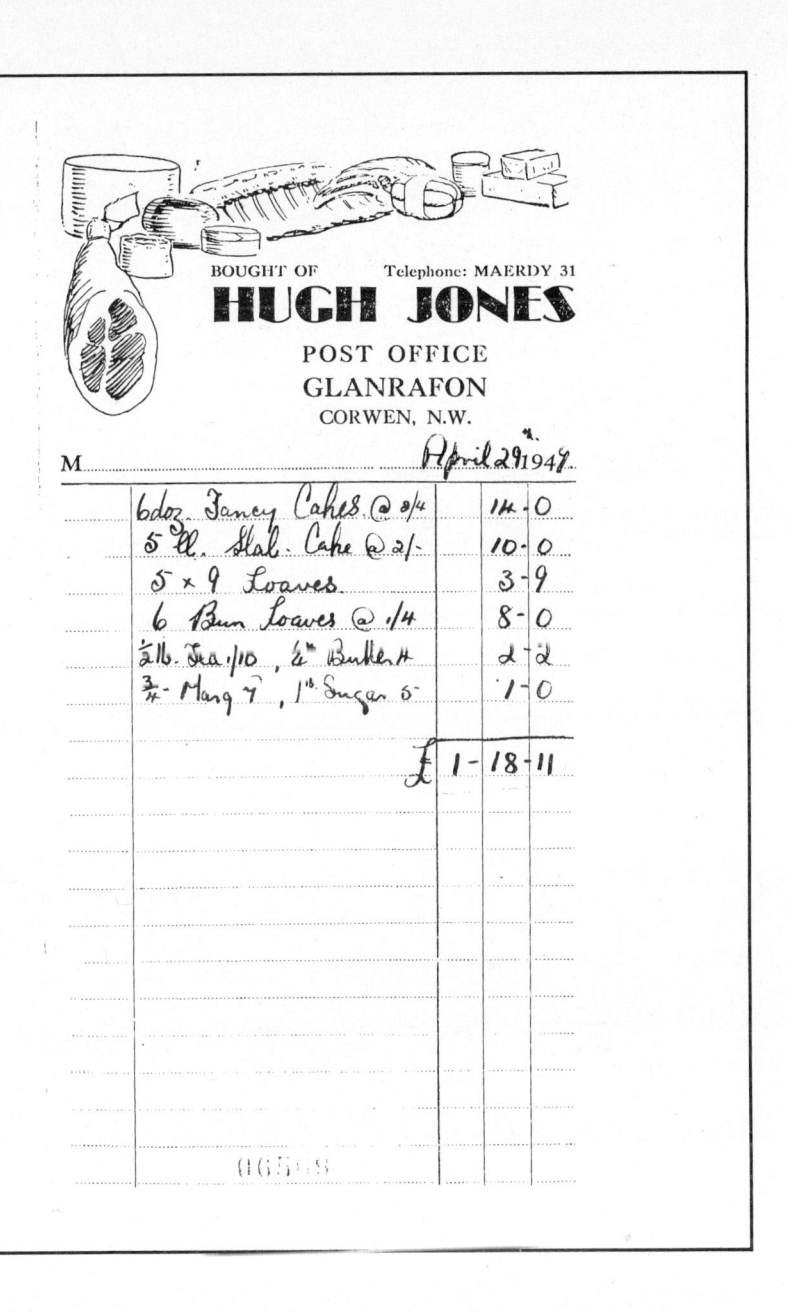

BOUGHT OF   Telephone: MAERDY 31
HUGH JONES
POST OFFICE
GLANRAFON
CORWEN, N.W.

M .... April 29 1947

6 doz Fancy Cakes @ 2/4	14	0
5 lb. Slab Cake @ 2/-	10	0
5 x 9 Loaves	3	9
6 Bun Loaves @ 1/4	8	0
½ lb. Tea 1/10, ½" Butter 4	2	2
¾- Marg 9, 1lb Sugar 5	1	0
£	1-18	11

Gwelwn nad yw y dorth wedi codi mewn pris er 1947.

We see that a loaf of bread has kept to the same price since 1947.

Whiskies of Merit and Renown

Glen Alva SCOTCH **& Kenmare** IRISH

THREE STAR WHISKY

36/ PER BOTTLE

March 1 1916

M. Corwen Nursing Ass.

Bought of **J. PLACK,**
Crown Hotel, CORWEN.
Agent for CORWEN.

Jany.	Repairing Hot Water Bed	5	0

Received
with thanks
1/3/16 J. Plack

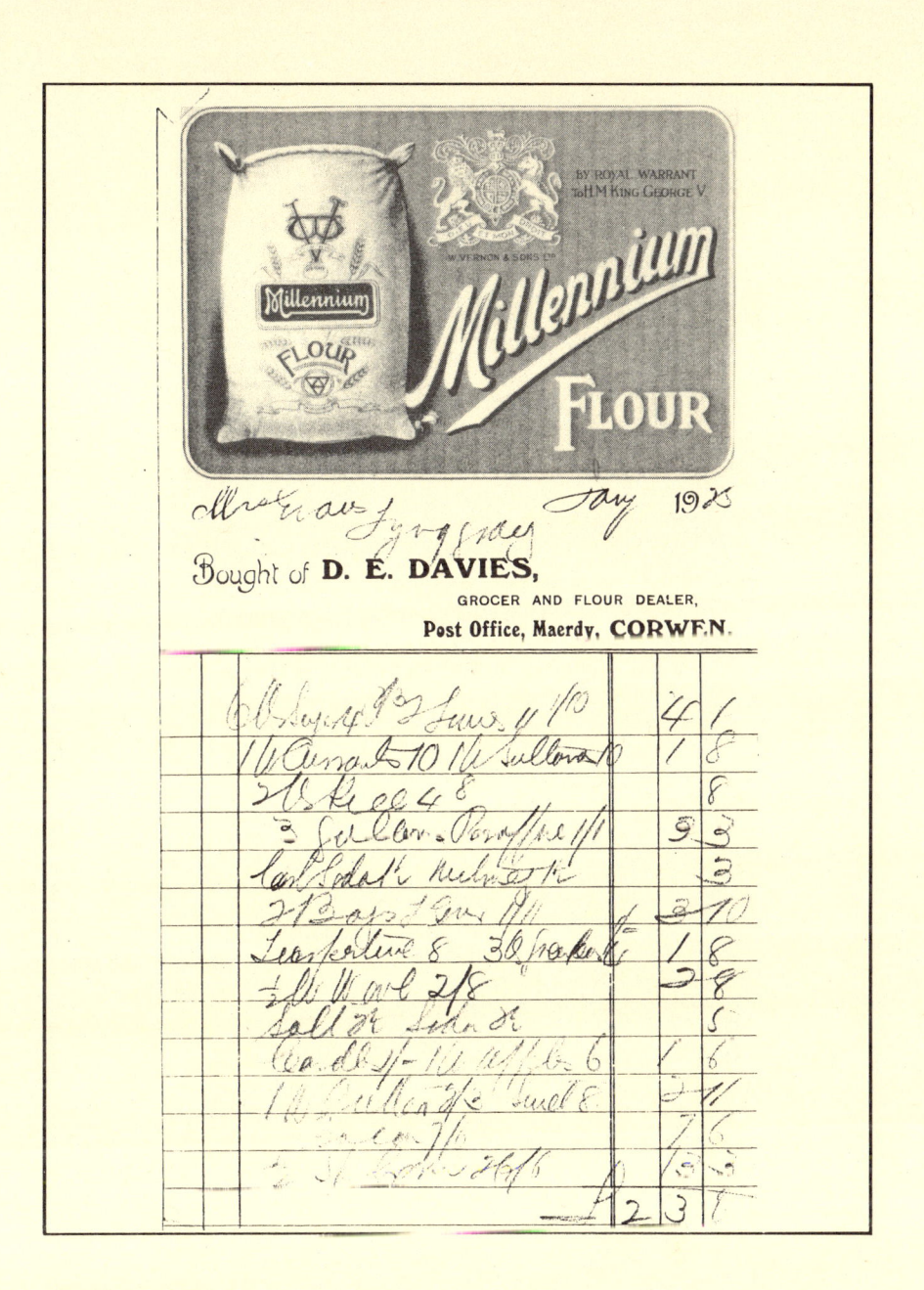

Roedd D.E. Davies yn daid i'n mab-yng-nghyfraith, sef Martin Wyn Davies.

D.E. Davies was the grandfather of our son-in-law, Martin Wyn Davies.

TELEPHONE—P.O. 22.

Llys Meddyg,
CORWEN,
Dec 1930

Mr Thomas Evans
Old Post Office, Druid

To R. J. Roberts, *Corwen*
Surgeon, &c.

For Professional
Attendance, Medicine, &c.
from *Sept 18, 1930*
to *26*

£ - : 7 : 0

CORWEN HOUSE,
Corwen, *Dec 15th* 1920

Mr *Llwyd John*

Bought of ISAAC T. POWELL,
Boot and Shoe Manufacturer.

JEWELLERY, WATCHES, CLOCKS, FANCY GOODS, STATIONERY, FISHING TACKLE, TOBACCO AND CIGARS.

WEDDING RINGS.—A Present with each Ring.

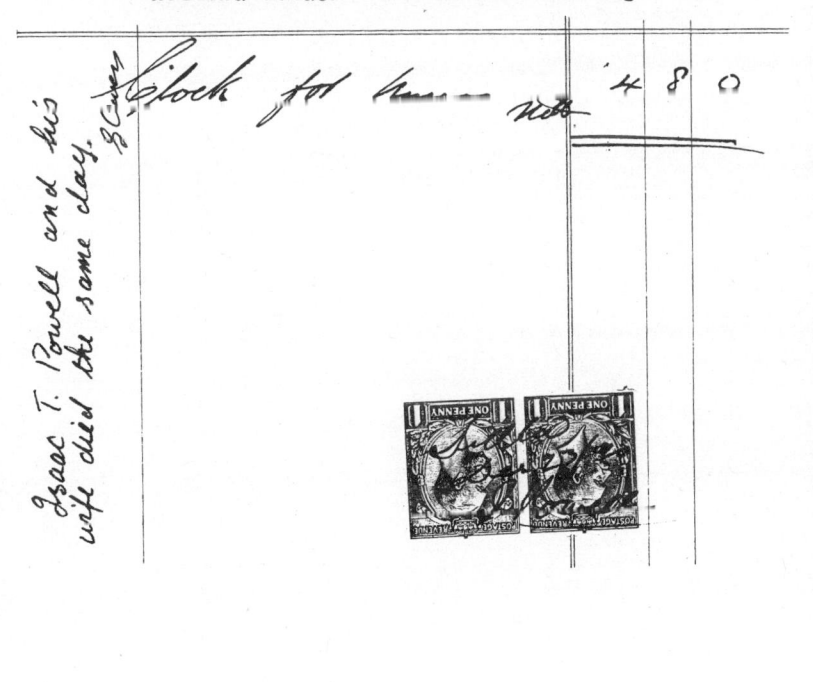

Clock for *hammer* nett	4	8	0

Isaac T. Powell and his wife died the same day.

Bu Isaac T. Powell a'i wraig farw yr un diwrnod yn 1933.

Isaac T. Powell and his wife died on the same day in 1933.

Tua'r adeg yma roedd te arall ar y farchnad o'r enw 'Derfel Tea'.

In those days, another brand of tea was being sold, named 'Derfel Tea'.

1000 6/6/08

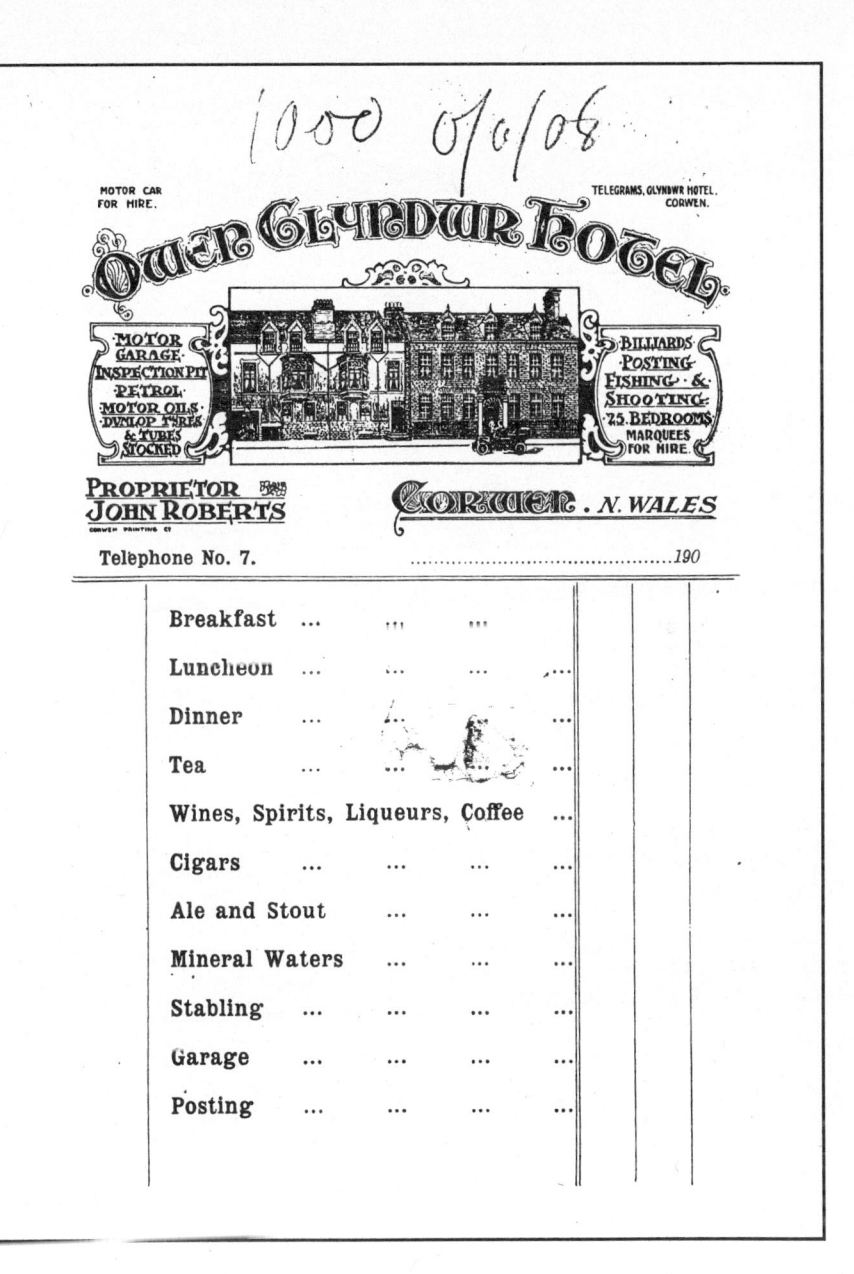

MOTOR CAR FOR HIRE.

TELEGRAMS, GLYNDWR HOTEL. CORWEN.

Owen Glyndwr Hotel

MOTOR GARAGE
INSPECTION PIT
PETROL
MOTOR OILS
DUNLOP TYRES
& TUBES STOCKED

BILLIARDS
POSTING
FISHING &
SHOOTING
25 BEDROOMS
MARQUEES FOR HIRE

PROPRIETOR JOHN ROBERTS

CORWEN . N. WALES

Telephone No. 7. 190

Breakfast	...	...	...	
Luncheon	...	...	...	
Dinner	...	...	...	
Tea	...	...	...	
Wines, Spirits, Liqueurs, Coffee	...			
Cigars	...	...	...	
Ale and Stout	...	...	...	
Mineral Waters	...	...	...	
Stabling	...	...	...	
Garage	...	...	...	
Posting	...	...	...	

GLAN ALWEN,
BETTWS G.G.,

6 November 1936

M Corwen Parish Council

DR. TO
JOHN ROBERTS,
JOINER.

April	Repairing Uwchydon Bridge		
	1 Colpine 21 ft. 9 by 3 inch	10	6
	1 rail 6ft 3 by 1 inch	1	-
	6 Bolts & Nails	2	-
	Time 9 hours at 1/3 per hr	12	9
		1 6	3

settled with thanks
by John Roberts
Nov 7 1936

Roedd hefyd yn drefnydd angladdau yn y cylch.

He was also the undertaker in the area.

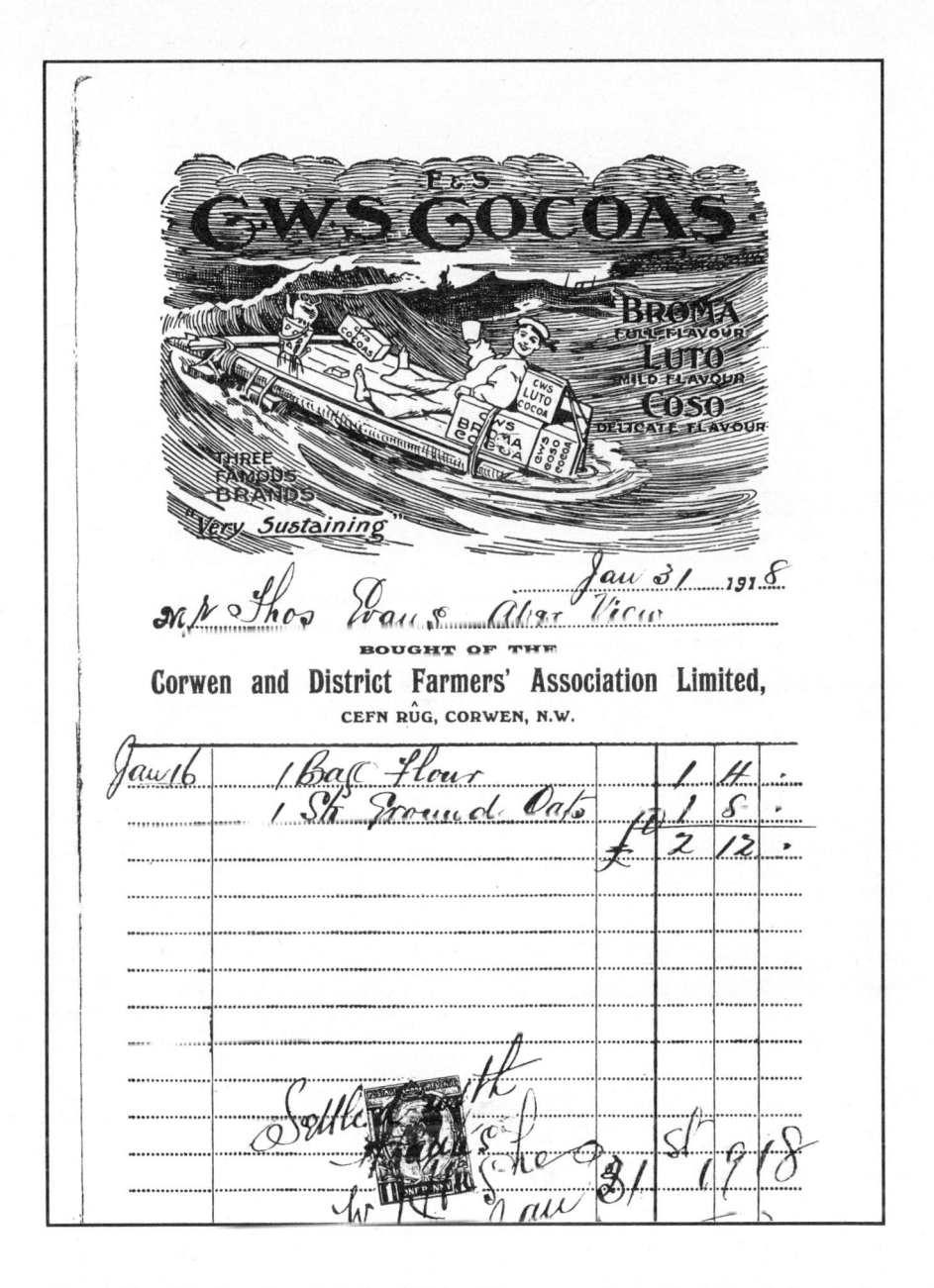

Digonedd o ddewis o Cocoa's i wragedd y ffermwyr yn 1918.

There were plenty of choice of Cocoa's for farmers' wives in 1918.

BRYNEGLWYS SIDING,

Nr. Corwen, 2, Oct. 1909

Mr. R. Edwards, Joiner

Bought of Ann Jones,

≈ COAL DEALER. ≈

			£	s	d
	Coal Balance			8	4½
Aug 13	"	1. 11. 3	1	11	3
			1	19	7½
Oct 22	Paid on a/c		1	10	0
				9	7½
Oct 22	Coal 17 cwt			10	0
			£	19	7½

Mae ychydig o olion y fan hon i'w gweld o hyd, lle roedd rheilffordd yr hen LMS yn dadlwytho nwyddau i ardal Bryneglwys hyd 1908.

Some remains of this place, where the old LMS railway unloaded goods for the Bryneglwys district until 1908.

COMPTON COTTAGE,
CORWEN,
June 25 1938

M Corwen Parish Council

D<u>R</u> TO **ROB DAVIES,**
SLATER & PLASTERER.

All Work Neatly and Promptly Executed, - (Estimates Free),

Re Slating round Chimney, Plastering Walls & Ceilings at Cemetery Chapel.			
26 Hours at 1/6	1	19	9
Keene Cement		3	0
Cement & Sand		1	9
Hair Mortar		2	0
Slates & Nails		2	0
	£2	8	6

Paid
Rob Davies
June 1938

"BIG TREE" SPARKLING MUSCATEL

A Delicate Wine with the delicious flavour of the Muscat grape.

MENU

Edeyrnion Agricultural Society.

SHOW AT CORWEN. 1908

Dee Salmon.

Roast Beef.   Pressed Beef.

Lamb and Mint Sauce.

Chicken.   Tongue.   Veal.   Ham.

Salad.

SWEETS.

Fruit Tarts.   Stewed Fruits.

Fancy Pastry.

Trifles.

Cheese, Butter and Biscuits.

CROWN HOTEL,
CORWEN.

orwen Ptg. Co.

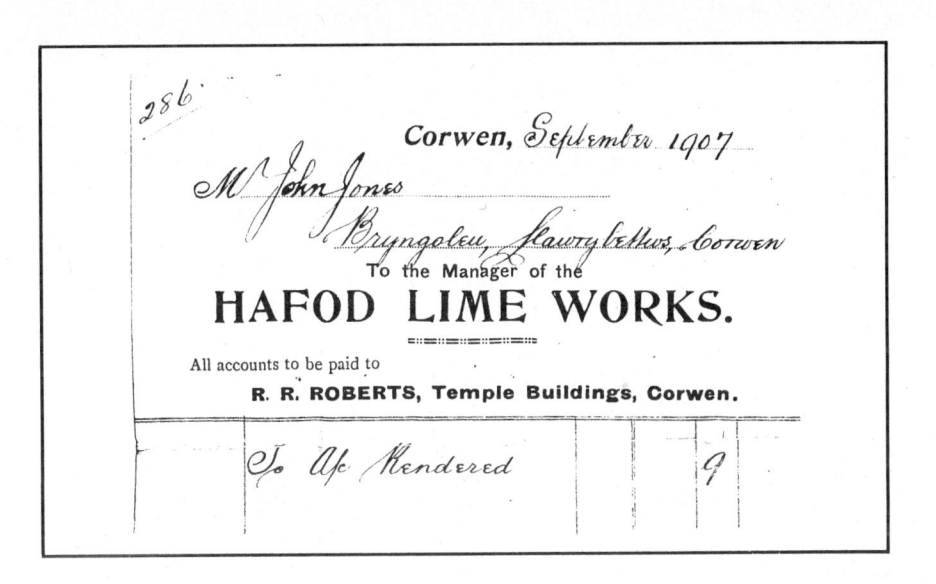

> 286
>
> Corwen, September 1907
>
> Mr John Jones
> Bryngolau, Llawrybethws, Corwen
>
> To the Manager of the
> ## HAFOD LIME WORKS.
>
> All accounts to be paid to
> R. R. ROBERTS, Temple Buildings, Corwen.
>
> To A/c Rendered   9

Yr unig graig galch yn hen sir Feirionnydd.

The only limestone in the old county of Meirionnydd.

> Market Place,
> Corwen, ... 190
>
> To **Thomas Salmon, C.P.S.,**
> CHEMIST and DRUGGIST.
> Proprietor of the Celebrated Condition Powders for Horses.
> SALMON'S STOMACH & LIVER PILLS, COUGH BALSAM, &c
> Dealer in Oils, Paints, Colors and Varnishes.
>
> 10 0 0
> 15/0 8

Roedd hefyd yn gwerthu baco: y 'Westward Ho'.

He also sold tobacco: 'Westward Ho'.

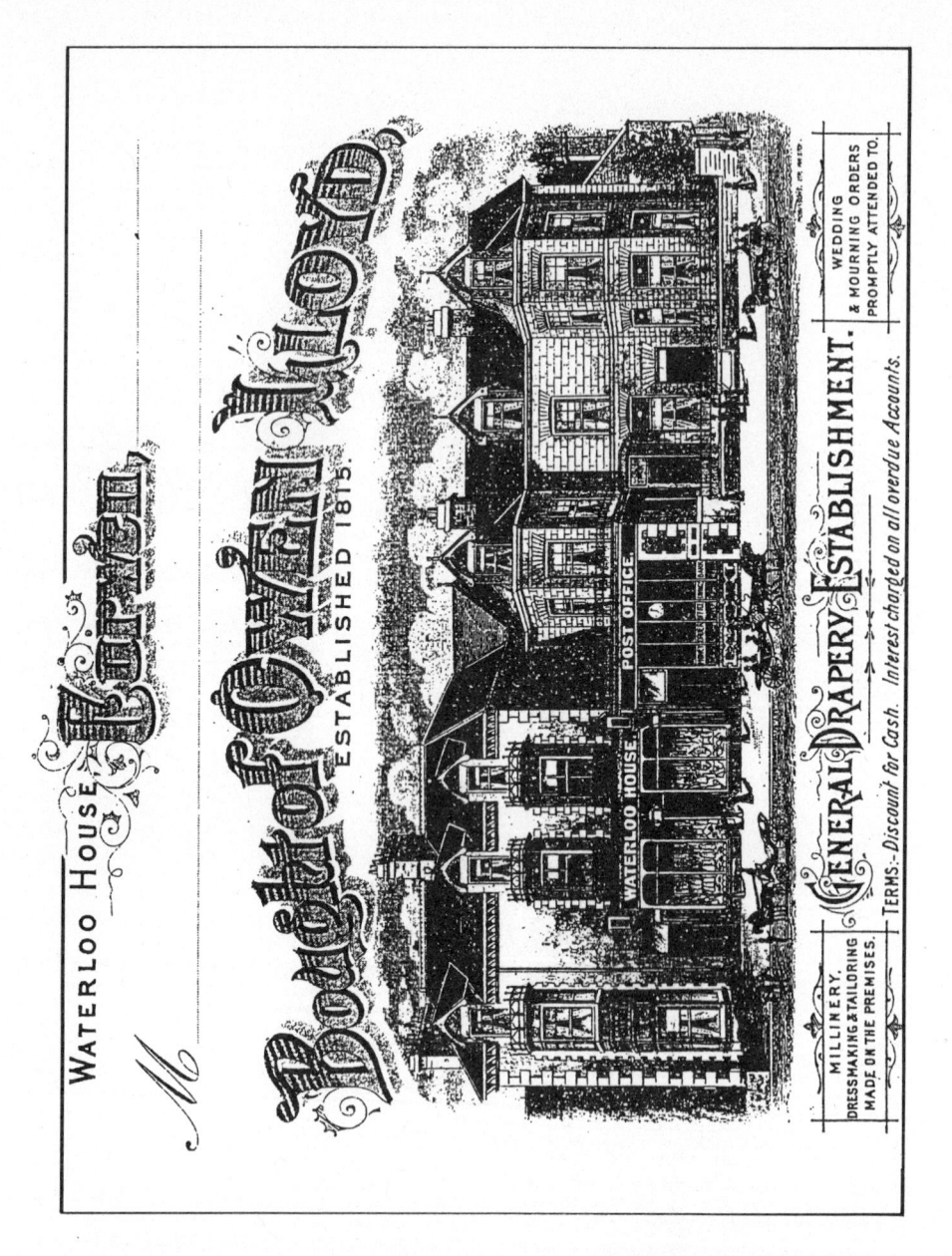

Y tu ôl i Waterloo House y mae Eglwys Mael a Sulien, Corwen. Yno y gorwedd corff Preifat Jako Parry a ymladdodd ym mrwydr Waterloo, 1815.

Behind this 'Waterloo House' is the Corwen Mael and Sulien Church. Buried there are the remains of Private Jako Parry of the 2nd of Foot, he fought in the Battle of Waterloo, 1815.